THE HAYSTACK SYNDROM

Sifting Information Out of the Data Oce

ゴールドラット博士のコストに縛られるな！

利益を最大化するTOC意思決定プロセス

エリヤフ・ゴールドラット▶著
三本木 亮▶訳
村上 悟▶解説

ダイヤモンド社

PART III スループットワールドの意思決定プロセス……69

PART Ⅳ インフォメーション・システムを構築する

THE HAYSTACK SYNDROME
Sifting Information Out of the Data Ocean

Part I

企業のゴールと三つの尺度

1　インフォメーションとは何か

私たちは、データの大海の中で溺れています。しかし、これで情報（＝インフォメーション）は十分だ、などということはほとんどないように思えます。

そう思ったことはありませんか。なにか釈然としないものはありませんか。もしそうなら、少し話し合ってみましょう。愚痴をこぼしたり、苦労話を語り合って慰め合うだけの、ただの時間潰しではなく、真剣に議論してみましょう。自分たちが世界を変えてやるんだ、ぐらいの意気込みを持って話し合うんです。そう、実際にソリューション（解決策）を見つけてみましょう。実用的なソリューションを。

では、どこから始めましょうか。

まずは、「データ」と「インフォメーション」という二つの言葉を正確に定義するところから始めるのが妥当でしょう。この二つの言葉の違いはいったい何でしょうか。実は、問題の根本はそこにあるのではないでしょうか。データとインフォメーション。この二つの言葉は、明確に使い分けられているのでしょうか。辞書や教科書では、それなりに区別され定義されているかもしれませんが、実用面となるとそうとは言えません。

コンピュータのソフトウェアで、〝インフォメーション・システム〟というタイトルの付いたものをよく目にしますが、しかし実際には、単なるデータ・システムでしかないものも多々あります。
では、データとは何でしょうか。

納入業者の住所、製品価格などはデータです。製品の設計仕様の詳細一つひとつや、倉庫の保管物の内容も、またデータです。要するに物事や事象などを説明、描写する文字列はすべてデータということなのかもしれません。もしそうなら、もう一方のインフォメーションとはいったい何なのでしょうか。

まず、この問いに答えるには、いまの仮定が本当に正しいかどうか、もう一度考えてみる必要がありそうです。納入業者の住所はデータです。しかし、この納入業者にクレームの手紙を出すとしたら、今度は住所は単なるデータではなくインフォメーションとなります。倉庫の保管物の内容もデータかもしれません。しかし客から緊急な注文があって、その製品をすぐに納入できるかどうか調べなければいけない場合は、これもインフォメーションとなるのです。つまり同じ文字列のデータが、一定の条件下ではインフォメーションと呼ばれることになります。インフォメーションであるかどうかは、それを用いる人によるのです。

つまり、インフォメーションとはデータの中で、私たちの行動に影響を及ぼすもの、あるいはそれが欠けている場合にも、私たちの行動に影響を与えるものと理解することができます。異なる人、また同じ人でも違った状況においては、同じ文字列が時にはデータに、また時にはインフォメーションとなるのです。

しかし、文字列だけでは、それがデータなのか、あるいはインフォメーションなのかは判別できません。下すべき意思決定との関係によって初めて判断されるのです。前もって、どのような意思決定をしなければいけないのかわからない、何が必要とされるのかわからない、そのような場合は、すべてのデータがある時点においてはインフォメーションと見なされることもあるでしょう。ですから、データバンクとインフォメーション・システムの区別がつきにくいとしても、仕方のないことなのです。

目まぐるしく変化する今日の世界において、私たちは、何がインフォメーションなのかを本当に判断できるのでしょうか。はたして、何のためらいもなく、インフォメーション・システムと呼ぶことのできるシステムをつくることができるのでしょうか。特に、対象が一つの意思決定事項、一つのマネジメント機能に限られていないシステムの場合、本当にそのようなシステムをつくることができるのでしょうか。

同じ組織内のすべてのマネジャーに対し、あらゆる類の意思決定に必要なインフォメーションを提供できるようなシステムを設計するとなると、ここまでの議論から判断する限り、インフォメーション・システムたるもの、その内容はどの時点をとっても、実際はほとんどがデータということになってしまうのではないでしょうか。でも、だからどうだと言うのでしょうか。必要なインフォメーションさえ提供できれば、それでいいのではないでしょうか。

そうなのです。この考え方ゆえに、インフォメーション・システムは、現在の形になったのです。

当然、次に考えなければいけないのは、将来どのような意思決定を行わなければいけないかということです。そうすると必然的に、今度はどのデータ、どのインフォメーションが必要になるのかを定義しなければいけなくなるでしょう。ここまでくれば、あともう少し。次は、データの入力形式やファイルのレイアウト、検索方式なども決定しなければなりません。そして最後に残るのは、膨大な量のデータ収集、メンテナンス作業です。同じことがレポートの出力形式にも言えます。考えられるすべての問いに答えようと、レポートの内容は自然と膨らんでいきます。近年、パーソナルコンピュータ（PC）やオンラインの検索機能が進歩し、こうした問題はある程度解消はされていますが、しかしその根本となる考え方は以前と変わりません。

イスラエルにこんな話があります。はたして真実かどうか、その真偽のほどは私にもわかりかねますが、現実の話であったとしても不思議ではありません。十数年前、コンピュータから情報を取り出す実用的な方法は唯一、紙にプリントアウトする方法だけでした。そこで、イスラエル陸軍の中央コンピュータ部門では、当時としては新技術であったレーザープリンタの導入を検討していました。ところが、これを問題視したある大尉が、非常にユニークな方法でこれに対して問題提議をしました。彼は、突然なんの許可も得ずに、一〇〇ページ以上のレポートはすべて印刷、配布を禁止するという指示を出したのです。当時、コンピュータの分散化はまだ単なるアイデアでしかなく、陸軍でも中央から末端の部門、部署へ日々数多くのレポートが送られていました。しかし、この大尉の指示の後、レポートが届かないというクレームはたったの一件しかなかったということです。それも、レポートを整理整頓するのが仕事だった担当者からのクレームだけだったというのです。

大きな組織でマネジャーを務める人なら、きっと身に覚えのあることではないでしょうか。たとえ、この話がつくり話であったとしても、同じような話が現実にはいくらでもあるはずです。冒頭の言葉を覚えていますか。「私たちは、データの大海の中で溺れています」という一文です。今日、その状況は目も当てられません。事実、講演会などに招かれた時、私がプリンタとシュレッダーは直接接続すべきだなどと話をすると、そのたびに聴衆からは笑いと喝采の声があがるほどです。どこかで、私たちは間違った方向に進んでしまったのです。どこかに論理的な欠陥があるに違いないのです。インフォメーション・システムが、データバンクの必要性を排除するものだとは思いませんが、しかしインフォメーション・システムは、データバンクとは明らかに異なります。真に役に立つインフォメーション・システムであるためには、データバンクと同じであってはいけないのです。

インフォメーションとは、意思決定のために必要とされるデータと定義しました。しかし、この定義だけでは、あまり前に進むことはできません。しかしなお、直感的には、やはりインフォメーションとは、意思決定がいかに下されるのか、その枠組みにおいてのみ定義されるべきだと思われます。もしかしたら、インフォメーションとは〝問いに答えるために必要とされるデータ〟ではなく、〝問いに対する答え〟と定義すべきなのかもしれません。

これは単なる言葉上の違いだけではありません。少し考えてみてください。私もそうですが、きっとなにか釈然としない感じがするはずです。インフォメーションを〝問いに対する答え〟と定義すると、インフォメーションは意思決定プロセスへのインプット（＝入力）ではなく、意思決定プロセスのアウトプット（＝出力）ということになってしまうからです。この定義を受け入れるとなると、意思決定プロセス自体が、インフォメーション・システムに組み込まれることを意味します。そうなると、意思決定プロセス自体を非常に厳密に定形化しなければいけなくなります。これは、考えただけでも恐ろしくなるようなタスクです。新たなパンドラの箱を開けることを意味します。今日の産業界では、意思決定プロセス自体が日々変化しているのですから……。

一九八〇年代は、第二次産業革命の一〇年だったと考える人が増えています。企業経営の本質に対する考え方が変革し、また企業マネジャーが意思決定を行う際の基本的な手順にも影響を与えました。インフォメーション・システムをいかに構築すべきか、その構成や組み立てを論じるには、意思決定がいかに下されるのか、そのプロセスの枠組みの中で論じる必要があります。すなわち、台頭しつつある新たな経営哲学を分析することが絶対的に必要となってくるのではないでしょうか。

論議したいのはインフォメーション・システムなのに、急に経営哲学を分析しろと言われても困惑されるかもしれません。しかし、真に満足のいくインフォメーション・システムを構築するための強力な手法を見つけるためには、これは絶対に避けて通ることができないことです。さらに、こうした新しい経営哲学の特徴である単純な考え方が、私たちをまったく新しくシンプルで、なおかつ非常に強力なソリューションへと導いてくれるかもしれないのです。

2 企業のゴール

「品質こそ最重要課題」「在庫は負債だ」「キャパシティでなく、フローをバランスさせろ」――これらは、近年、企業経営の礎を揺るがすこととなった代表的なスローガンの一例です。八〇年代に入ると、私たちは、ジャストインタイム（JIT）、制約条件の理論（TOC）、総合的品質管理（TQM）という三つの強力な動きを目にしました。これらは、それまで受け入れられてきた考え方にことごとく挑戦するものでした。それぞれ局所的な手法からスタートした動きですが、いずれも息を呑むようなスピードで進展していきました。

そして、これらの動きがそれぞれどこまでの範囲をカバーするものなのか、当初私たちが抱いていた認識が実は狭すぎたということに、私たちはようやく気づきはじめたのです。どういうことなのか、以下を読んでいただければ、その意味が理解していただけると思います。

JITにとって本来いちばん重要なのは、実は製造現場における在庫減少ではない。機械的なカンバン方式だけではないのだ。JITとは、まさに新しい総合的な経営哲学なのである。

TOCにとって本来いちばん重要なのは、実は製造現場におけるボトルネックではない。機械的な製造最適化手法だけではないのだ。TOCとは、まさに新しい総合的な経営哲学なのである。

TQMにとって本来いちばん重要なのは、実は製品の品質ではない。機械的な統計的工程管理(Statistical Process Control)だけではないのだ。TQMとは、まさに新しい総合的な経営哲学なのである。

JIT、TOC、TQM――いずれについても表現が似通っていることは気づいていただけたと思います。しかし、なるほどと、それだけを理解して満足してもらっては困ります。実は、以下の質問に答えてもらわなければいけません。これらに答えることができて、初めて理解できたと言えるのです。

1 「新しい総合的な経営哲学」と言っているが、いったい何が〝新しい〟のか。JIT、TOC、TQMを局所的なテクニックと見なすのであれば、その新規性は十分理解できるし、評価もできるだろう。だが、また同時に**新しい総合的な経営哲学**であるということも直感的には受け入れることができる。しかし単なる局所的なテクニックだけでなら、このような大それた表現は当てはまらない。第一に、どの手法も主に製造現場に限定されているではないか。であるなら、なぜ〝総合的〟という言葉が使われるのだろう。第二に、確かにいずれの手法も非常にパワフルではあるが、〝経営哲学〟と呼ばれるに足りるかどうかだ。新しい総合的な経営哲学だとする直感的な理解を正当化するには、これらの手法がいったい何をもたらしたのかを表す必要があるのではないか。

2　新しい経営哲学と言うが、いったいその数はいくつなのか。JIT、TOC、TQMを全部まとめて新しい一つの経営哲学と見なすべきなのか、あるいは三つを別々の新しい経営哲学として見なすべきなのか。JIT、TOC、TQMの本質を、ひとたび正確に、また適切に表現できれば、その時点で初めて、いくつなのか理解できるはずだろう。

この二つの問いに答えることを避けていては、状況は何も変わりません。〝月末症候群〟に、〝月初改善プロジェクト〟を足しただけで終わってしまいます。では、これらの問いに答えるには、いったいどこから始めたらいいのでしょうか。明らかです。新しい総合的な経営哲学という表現です。このような大それた表現は、企業経営の礎部分において大きな変革があってこそ、初めて正当化できるのです。たとえ大きな変革であったとしても、それがあくまで部分的、局所的なものであれば、そのような大それた表現は使うことができません。

では、いくつか質問してみましょう。まず思いつく最も根本的な質問は、「組織は何のためにつくられるのか」という問いでしょう。どんな組織であっても、単に存在することだけを目的につくられることなどないはずです。そんなことを、私は信じません。何らかの目的があって設立されるのです。ですから、組織の個々の部署、部門の行動を評価する場合、その行動が組織全体の目的にどのような影響を及ぼすのかを判断して、初めて論理的な議論を展開できるのです。

まったく当然至極なことです。しかしこれを行って、初めて組織の礎を明らかにすることができるのです。まず最初に明確に定義しなければいけないのは、組織の全体的な目的です。言い換えれば、組織の〝ゴール〟です。私は、個人的にこの表現のほうが気に入っています。そして二つめは、評価尺度です。どんな評価尺度でもいいというわけではありません。部分的、局所的な意思決定が組織全体の目的にどのような影響を与えるのか――これを判断できる評価尺度でなければいけません。

新しい総合的な経営哲学というのであれば、いままでとは何かが大きく違うはずです。何が違うのか、それを見つけるには、まずは組織のゴールを見るのです。そこにいままでと何も変わりがなければ、次に評価尺度を見るのです。

それではまず、組織のゴールから始めましょう。ただ、それを定義するのは、そう容易なことではありません。ここでは、少し時間をかけて話し合ってみましょう。組織のゴールは、いったい誰が決めるのでしょうか。誰が決める権利を持っているのでしょうか。これはそれほど難しい問いではないはずです。組織のゴールを決めることができるのは、唯一、そのオーナーです。それ以外に答えがあるとすれば、〝オーナーシップ〟(所有権)という言葉の意味をあらためて定義し直さなければいけません。

しかし、ここで問題が生じます。みなさんは経験豊富なのでおわかりだと思いますが、どんな組織にもほとんどの場合、パワーグループというものが存在します。パワーグループとは、組織の行動、活動に気に入らない部分がある場合に、その組織を潰したり、少なくとも激しいダメージを与えることのできるような力を持った集団のことです。まるで彼らに発言権を与えているような錯覚にさえ陥ってしまいます。しかし、彼らに発言権を与えるということは、オーナーが唯一の、組織のゴールを決める権利を持っている者ではないということを意味します。なんというジレンマでしょうか。

この矛盾から抜け出すには、組織のゴールと、組織の行動に課されている必要条件とをはっきりと識別しなければいけません。組織は、パワーグループによって課された必要条件範囲内でゴールを達成すべく努力しなければなりません。つまり、外部から課された必要条件を破ることなく、目的を果たせるよう努力しなければいけないのです。

それでは、いくつか例を挙げて考えてみましょう。例えば企業の場合、顧客は間違いなくパワーグループです。顧客は、カスタマーサービスや製品の品質について、最低これだけは必要などとさまざまな条件を課してきます。こうした条件を満たすことができなければ、顧客は製品をもはや購入しなくなり、会社は死滅することになります。しかし明白なことですが、顧客は、会社のゴールが何であるべきなのかを決定したり干渉したりする権利は持っていません。

組織の従業員もまたパワーグループです。彼らも、最低限の雇用保証や最低賃金などといった必要条件を課してきます。もし、こうした必要条件を破ろうものなら、ストライキが起こる危険性もあります。しかしやはり、だからと言って、従業員が、従業員の立場で組織のゴールを決定する権利を有することにはなりません。

政府もパワーグループです。地方の政府でさえも、大気汚染や水質汚染などといった公害に対し一定の最低基準といった必要条件を課してきます。もし、こうした必要条件を遵守しなければ、どれだけ利益があろうとも、工場閉鎖などに追い込まれる危険性もあります。しかし、だからといって、共産主義国家でない限り、政府が、組織のゴールが何であるべきなのか指示する権利を有していることにはなりません。共産主義においては、企業をはじめ組織は国がオーナーであるので、国がゴールを決定するのです。

企業のゴールを決めることができるのは、やはりオーナーだけです。企業の場合、オーナーは株主と呼ばれます。ということは、「企業のゴールは何か」という問いは、「なぜ、株主はその会社にお金を投資したのか」という質問に言い換えることができます。何を達成するために投資したのかです。

これを頭に入れたうえで、「我が社のゴールは、最高の品質の製品と、最高の顧客サービスを提供することだ」と明言する会社を、あなたはどう思いますか。そんな会社の株主は、おそらく非常にユニークな株主に違いないと思います。カクテルパーティーに参加して、「我が社は最高の顧客サービスを提供しています」などと自慢するために投資しているに違いありません。あなたの会社はそんな会社でしょうか。おそらく、そうではないでしょう。

もう一つ例を挙げてみましょう。ゴールはナンバーワンになることだと明言する会社はどうでしょうか。業界でいちばんのマーケットシェア（市場占有率）を獲得するのです。そんな会社の株主は、パワーマニアック、つまり力を誇示することが目的で、投資しているに違いありません。しかし、いちばん馬鹿馬鹿しいのは、〝生き残る〟ことを目的として掲げている会社です。残念なことに、教科書などにはこうした表現がしばしば見受けられるのです。そんな会社の株主は、きっと非常に利他主義的な人たちなのでしょう。

しかし、もし会社の株式が、たった一株でもウォールストリートで取引されているとしたら、どうでしょうか。それだけで、その会社のゴールは明確に、また声高らかに謳われているのです。ウォールストリートを介して投資するということは、現在そして将来にわたってより多くのお金を儲けるためなのです。それが、公開市場において株が取引されている企業のゴールなのです。

ただし、企業のゴールを論じる時、「企業のゴールは、現在そして将来にわたって、より多くのお金を儲けること」というより、「企業のゴールを決定する権利は、唯一オーナーのみが有する」と表現したほうがより適切かもしれません。株式が公開されていないプライベートカンパニーの場合、その会社のゴールを外部の者が知る由はないからです。オーナーに直接問うしかないのです。

株式を公開している会社の場合、経営幹部が必要条件、手段、ゴールを混同していることが多々見受けられますが、これには大きな不安感を覚えます。こうした混同がしばしば、会社を間違った方向に導いたり、長期的に会社の崩壊につながったりするからです。顧客サービス、製品の品質、よい人間関係は確かに必要条件であり、時として手段にもなり得ます。しかし、やはりゴールではありません。企業で働く従業員は、株主に仕えるべきなのです。その対価として給料を払ってもらえるのです。顧客に仕えるのはあくまで、株主に仕えるという本来の目的を果たすための手段でしかないのです。

さて、ここまで企業のゴールについて検証してきましたが、実は何も目新しいことはありません。

混乱はあったかもしれませんが、特に新規性のある話ではありません。では、また先の質問に戻りますが、ＪＩＴ、ＴＯＣ、ＴＱＭといった総合的な経営哲学において、いったい何が〝新しい〟のでしょうか。それを理解するために、今度は〝評価尺度〟を検証してみる必要がありそうです。

3　評価尺度を決める

評価尺度は、企業のゴール（目的）を選択して初めて定められるものです。ゴールを定義せずに、評価尺度を設定することはできません。例えば、軍隊や教会などのパフォーマンスを判断するのに、金銭的な評価尺度を用いるのは、馬鹿げています。

本書においては、現在そして将来にわたってより多くのお金を儲けることをゴールとしている企業について、広い観点から、しかしなおかつあまり一般的な話になりすぎないよう注意をしながら、説明をしていきます。ゆえに、ゴールがそれ以外の企業の場合は、基本的な考え方は同じかもしれませんが、ここでの説明は当てはまりません。

私たちは、企業のパフォーマンスを財務諸表の数字によって判断します。その財務諸表には、二種類の数字があります。まずは、純利益などのように絶対値で表される数字です。これは損益計算書（P／L）において報告されます。二つめの数字は、投資利益率（ROI）や総資産純利益率、株主資本利益率などといった相対値で、これは貸借対照表（バランスシート）において報告されます。財務諸表には、さらにもう一つ重要な数字があります。キャシュフロー計算書と呼ばれるものですが、この計算書自体は評価尺度ではありません。ただし、非常に重要な必要条件を示すものです。

しかし、ここで私たちが求めている評価尺度は、こうした評価尺度ではありません。これら財務諸表の数値は、会社のゴールがどの程度達成できたかを評価するのに用いることはできます。しかし、私たちが求めている評価尺度とは、部分的、局所的な意思決定が会社全体のゴールに対しどのような影響を及ぼすのか、その判断を可能にするような評価尺度でなければいけません。財務諸表上の数字だけでは、そのような評価ができないことを、企業マネジャーなら誰でもすでに知っていることです。

では、局所的意思決定が、会社全体のゴールにもたらす影響を判断するためには、どのような評価尺度を用いたらいいのでしょうか。もちろん、ここでさまざまな企業のさまざまな部門、部署で用いられている局所的な評価尺度を一つひとつ挙げはじめても切りがありません。際限のない作業になってしまいます。そうした評価尺度は、その時の経営者の考えや意向、その週の仕事の内容、時には天候などにも強く依存しています。ですから、一つひとつ評価尺度を挙げてもまったく意味のない作業に終わってしまいます。それより、ここでちょっとした頭の体操を行ってみましょう。簡単にできて、それなりの成果が期待できます。

物理学でよく用いられる方法ですが、実はこれが非常に強力なツールなのです。ゲダンケン実験（Gedunken：ドイツ語で〝思考〟という意味）と呼ばれているもので、現実には行い得ない実験を、頭の中だけで行ってみるのです。経験が豊富であれば、結果を正確に予想することができるので、実際に実験を行ってみる必要がないのです。では、一緒にゲダンケン実験を行ってみましょう。

まず最初に、実験の対象となる会社を描かなければいけません。私たちが目指すのは、現在そして将来にわたってより多くのお金を儲けることをゴールとしている会社に用いる評価尺度を見つけることです。では、この会社は何をつくっているのでしょう。金属素材、電子機器、日用品でしょうか。はたして、何をつくっているのかが重要なことなのでしょうか。もちろん、非常に重要です。金属素材、電子機器、日用品といった例は、どれも物理的な財であって、企業が真につくり出しているものではありません。これまでの議論に沿って企業のゴールを定義するなら、企業がつくり出すもの（あるいは、つくり出すべきもの）は一つだけ、そう、お金です。ですから、企業は〝マネーメーキング・マシーン〟（お金製造機）と表現することができるのです。

企業のゴール（目的）は何か——みなさんも同意していただけると思います。つまり、マネーメーキング・マシーンが欲しいのです。少し想像してみてください。マネーメーキング・マシーンを販売しているお店に足を踏み入れたとしましょう。店内にはたくさんのマネーメーキング・マシーンが所狭しと並んでいて、あなたはその中から一つ選ばなければいけません。どれを買うか決めるのに、あなたは店員からどのような情報が必要でしょうか。どのような情報、つまりどのような〝インプット〟が必要かを明確に相手に示すことができれば、それが評価尺度となるのです。

ですが、相手に自分の欲しい情報を伝える時に、評価尺度だけでなく必要条件まで伝えてしまうこともあります。しかし、この実験は評価尺度を見つけることです。異なる会社間では、必要条件も大きく異なることがあります。ですから、ここでは店内のマネーメーキング・マシーンが一律に必要条件をすべて満たしていると仮定します。ですから、どのマシーンを買うのか決めるために、どのようなインプットが必要なのかをはっきりと示すことができれば、必要とされる評価尺度を表していることになるのです。店員は、一台一台のマシーンについてあなたにデータを提供することはできます。しかし、どのマシーンを買ったらいいのか店員が決めてくれることを期待したり、願ったりしてはいけません。決めるのは、あくまでもあなたなのです。

まず、最初に頭に浮かぶのは、「このマシーンはどのくらいのお金をつくり出すことができるのか」という情報でしょう。ですが、少しばかり注意が必要です。「このマシーンは、一〇〇万ドルつくります。あのマシーンは五〇万ドルだけです」と店員が言ったとしましょう。これを聞いて、あなたは一〇〇万ドルつくるマシーンを選んだとします。しかし実際には、確かに一〇〇万ドルつくることはつくるのですが、一〇年もの長い時間がかかることがわかりました。反対にもう一台のマシーンは、実はたったの一年で五〇万ドルつくれることがわかりました。あなたは、店員を恨みますか。なぜでしょうか。店員は、あなたの質問に正確に答えました。問題は店員ではなく、あなたにあるのです。必要な情報をきちんと聞き出すことができなかっただけなのです。

それでは、本当はどんな質問をすべきだったのでしょうか。割合、つまり速さです。それでは、もう一度訊き直してみましょう。「このマシーンは、どのような速さでお金をつくり出すのですか」。ここでもう一度頭に入れておいてください。私たちがいま考えているのは、物理的なマシーンではありません。会社という組織です。会社が、その周囲と相互に関わりながらお金をどのような速さでつくり出していくのかということです。

もう一度、この質問について考えてみましょう。マシーンは、どのような速さでお金をつくり出すのかです。例えば店員が、このマシーンは月一〇〇万ドル、あのマシーンは月五〇万ドルの割合でお金をつくり出します、と言ったとしましょう。そこで、あなたは最初のマシーンを買ったとします。しかし、三か月すると買ったマシーンは壊れてしまいました。一方、もう一つのマシーンはまったく壊れることがないことがわかりました。店員のことを恨みますか。

同じ問題の繰り返しです。私たちは、もっと明確に質問の意図を伝えなくてはいけません。もちろん、いま現在だけのお金をつくり出す速さを訊きたかったのではありません。この先、長期にわたってどうなるかを訊きたかったのです。こちらの意図をもっと正確に伝えることができていれば、最初のマシーンのお金をつくり出す速さが三か月後にはゼロになることを店員も言わざるを得なかったでしょう。こちらの質問の意図をはっきり伝えることで、このような問題は回避できます。なのに、他人のことを咎めて時間を無駄にしていても意味がありません。

もう一つ、はっきりさせておかないといけないことがあります。それは店員の説明が、いったいどの程度正確なものかということです。店員が挙げる数字は、どれも推定値でしかありません。どの程度確実な情報なのか、どの程度の確率で起こり得るのか、こうした情報も求めなければいけません。これを念頭に入れたうえで、先ほどまでの質問をもう一度よく考えてみましょう。このマシーンがお金をつくり出す速さはどのくらいかです。

では、このような質問だけで十分でしょうか。いいえ、まったく不十分です。コストも考えなければいけません。しかし、ここは少し注意しましょう。コストとはいったい何なのでしょうか。どういう意味なのでしょうか。コストという言葉は、ある意味、非常に危険な言葉です。解釈の仕方は一つだけではありません。例えば、「マシーンのコストは?」と訊いたとします。その場合、購入価格を意味することもあるでしょう。しかし、同じ訊き方をしたとしても、場合によっては、マシーンを動かすのにどれだけの費用がかかるのか、その運転コストを訊いている場合もあります。一つは投資、もう一つは経費(支出)――この二つはまったく異なる解釈を呈しています。お金を慎重に投資することで富を築くことはできるかもしれませんが、お金をただ費やすことでは富は築けません。しかし、いずれの解釈も非常に重要です。

では、いったい、どのような質問の仕方をしたらいいのでしょうか。マシーンの購入価格を訊くだけでは十分ではありません。マシーンが大きすぎて、いまの建物には入らず、別の建物へ引っ越さなければいけなくなるかもしれません。また、マシーンによっては膨大な在庫を抱える必要があり、そのコストがマシーン自体の購入価格より高くつくなどといったこともあるかもしれません。ですから、例えばこう質問してみてはどうでしょうか。「どれだけのお金が、このマシーンによって拘束されるか」です。もちろん現在だけでなく、将来どうなるかも答えてもらわなければいけません。またその確率も求めるべきでしょう。

では、マシーンによってお金が拘束されるとはいったいどういう意味でしょうか。拘束されたお金は、もう自分たちのお金ではないという意味ではありません。拘束されたお金のほんの一部でも取り崩したら、その瞬間、そのマシーンが生産活動を続けられなくなる、あるいは少なくともパフォーマンスが劣化するということを意味します。これは、「マシーンを動かすために継続してどれだけのお金を注ぎ込まなければいけないのか」という質問とは大きく異なります。

4　スループットを定義する

「我が社は、どれだけのお金をつくり出しているのか」「我が社では、どれだけのお金が拘束されているのか（我が社は、どれだけの資金を寝かしているのか）」「我が社は、どれだけの経費を使っているのか」。簡単な質問ですが、これら三つの質問を考えれば、自ずからどのような評価尺度が必要なのか、直感的にわかってくるはずです。ここでやらなければいけないのは、これらの質問を定義に置き換える作業です。実は、これらの定義は、『ザ・ゴール――企業の究極の目的とは何か』（ダイヤモンド社刊）の中ですでに紹介されています。

では、一つひとつ見ていきましょう。まず最初の質問「我が社は、どれだけのお金をつくり出しているのか」ですが、これは**スループット**（Throughput）です。スループットとは、販売によってシステム（企業）がお金をつくり出す割合と定義することができます。

ただし、より正確を期すのであれば、最後の「販売によって」という部分は省いたほうがいいかもしれません。例えば、銀行にお金を預けて、利子を受け取る場合を考えてみてください。これもお金をつくり出すことには変わりなく、スループットになるからです。では、なぜ「販売によって」という言葉をわざわざ付け加えるのでしょうか。それは、企業に蔓延している一般的な考え方に釘を刺すためです。製造業の場合、現場のマネジャーは、自分の工場で製品を生産したら、それがスループットだと考えるでしょう。あなたも、そう思われますか。製品をつくる。しかし、まだその製品が売れていなかったらどうでしょう。これを本当にスループットと呼んでいいのでしょうか。

このような歪曲した考え方は、なにも製造部門に限ったことではありません。もし製品在庫が二倍に増えたとしたら、財務や経理の人間はどのように反応するでしょう。その在庫がまだちゃんと販売できる製品だとしたら、経理的にはどのように判断されるでしょう。経理部長はよくやったと褒めてくれるかもしれません。製造間接費がより多くの製品在庫に振り分けられ、財務諸表上は、純利益が増えることになるからです。しかし、直感的には、何かが間違っていることくらいはわかるはずです。社内でお金を動かしただけでは、スループットにはつながりません。スループットとは、会社の外から新たなお金を取り込んでくることを意味します。ですから、わざわざ「販売によって」という言葉を付け足して、これを確認しているのです。

ここで、気をつけなければいけないのは、スループットと販売を混同しないことです。スループットは、システムが販売によってお金をつくり出す割合です。いったい、その違いは何でしょうか。例えば、製品を一〇〇ドルで売ったとしましょう。これだけでは、スループットが一〇〇ドル増えたことにはなりません。販売された製品には、供給業者から購入した材料や部品が使われているかもしれません。そのコストが三〇ドルだったとしましょう。この三〇ドルは、システム（自社）によってつくり出されたお金ではありません。それは、供給業者のシステム（他社）によってつくり出されたお金です。単にこちらのシステムの中を通過しているお金にすぎないのです。ですから、この場合、増えたスループットは七〇ドルということになります。スループットは販売した製品の価格から、その製品に使われた材料や部品のコストを差し引いた金額です。いつ材料や部品を購入したのかは、考慮する必要がありません。

スループットを計算するには、材料や部品に加えて、他にも販売価格から差し引かないといけないものがあります。下請代金、社外セールスマンに支払った手数料（コミッション）、関税、さらに輸送手段を自社で保有していない場合は、運送費も差し引かなければいけません。これらの金額はいずれも、自社システムでつくり出されたお金ではないからです。

スループットの定義を論じるうえで、一つ注意しなければいけないことがあります。もうご存じかもしれませんが、販売がどの時点で発生したのかということです。現在、広く用いられている考え方には二通りあります。一つは、実際にお金が買い手から売り手に受け渡された時点をもって販売とする考え方です。もう一つは、発生主義です。販売契約が成立し、もう取引撤回が不可能になった時点をもって販売とする考え方です。実際には、二つめの発生主義のほうが、より広く用いられています。しかし残念ながら、この方法を用いている会社でも、厳密にこれが守られていない場合が少なくありません。

例えば、消費財です。消費財を扱う業界の多くでは、製品はメーカーから消費者に直接販売されず、流通業者を介して消費者に届けられます。こうした流通業者は、ほとんどの場合、特に理由を求められることもなく、商品をメーカーに返品することができます。取引がまだ撤回可能にもかかわらず、製品が流通業者に発送された段階で、販売として計上されるのは、実に不適切と言わざるを得ません。

さらに返品する場合も、メーカーによっては、実際に支払われた価格ではなく、現行価格に基づいて代金を流通業者に戻すところもあるのです。消費財業界においては、プロモーション、もっと一般的にはセールなどという言葉で呼ばれる販売戦略がよく用いられます。これを利用すれば、流通業者はプロモーション期間に商品を通常より安い価格でメーカーから仕入れ、二か月待ってこれを返品し、二〇パーセントの利益を得ることもできるのです。マフィアの商売よりずっといいビジネスです。本当にそんなことが行えるのでしょうか。驚かれるかもしれませんが、実は、私たちが考えるよりずっと大きな規模で行われているのです。そんな行為をよしとしているある消費財メーカーの社長に、私は質問してみました。「業界に参入して五〇年も経つのに、どうしてそのような抜け道を阻止しないのか」と。彼の答えはこうでした。「あなたは間違っている。業界に参入して五〇年ではありません。２００四半期です」。つまり、売上げは今四半期、返品は来四半期に計上されるというのです。

笑ってはいられません。どうやら、単純にお金が買い手から売り手に受け渡された段階をもって販売とするには問題があるようです。どの段階をもって販売完了とするのかを慎重に判断しないと、実は思っている以上に大きな影響を及ぼすのです。

もう一つ、例を挙げてみましょう。欧米製自動車のディーラー（販売店）は通常、約九〇日分の在庫を抱えています。これらのクルマは、メーカーから販売店に引き渡された段階で、売上げとして計上されています。販売店はメーカーから自動車を実際に購入するのです。しかし、よくよく調べてみると首を傾げたくなるような事実が浮かび上がってきます。実は、こうした販売店のほとんどが、メーカーからお金を借りて自動車を購入しているのです。では、お金を貸している自動車メーカーにとって担保はいったい何でしょうか。クルマです。モデルが新しく切り替わって、販売店に古いモデルの在庫が大量に残った場合、よくリベートを出して在庫を掃き出そうとしますが、このリベートはいったい誰が出していると思いますか。そう、販売店ではないのです。

これでは、クルマを販売店に引き渡したとしても、メーカーは売上げとして計上すべきではありません。このような手法は、短期、長期の間で破滅的なコンフリクト（対立）を生じさせる危険性をはらんでいます。短期的には今四半期の売上げを最優先しますが、長期的には市場のニーズに迅速に対応して将来の売上げを増やすことを考えなければいけません。このような問題は、なにも自動車メーカーに限られたことではありません。直接、最終消費者に販売するのではなく、流通業者を介して販売するすべての企業に通じる問題です。ここで重要なのは、顧客と消費者をはっきりと区別することです。販売とは本来、製品なり商品が単に顧客に引き渡された段階ではなく、最終消費者の手に渡り、販売取引がもう後戻りできなくなった段階で、初めて計上されるべきなのです。流通経路の中に製品、商品が過剰に蓄えられれば、それだけ生産者と最終消費者の距離を遠ざけることにしかならないのです。これでは、まるで将来のスループットを少なくしてくださいと言っているようなものです。このような短期、長期の間のコンフリクトを取り除くには、販売がどの時点で発生したと判断するのか、その定義を見直さなければいけません。

5　在庫と業務費用

二つめの評価尺度は、在庫です。企業は販売することを目的として物を購入するわけですが、在庫は、その購入にシステムが投資したすべてのお金、と定義することができます。なぜ〝すべてのお金〟なのでしょうか。その定義を耳にしたほとんどの人がどういうわけか、機械や建物は含まれないという誤った理解をしてしまうのです。後ほど説明しますが、この定義は、機械や建物に関する限りは、従来の定義とまったく同じです。であれば、〝資産〟(asset)という言葉が使われてもよさそうなものですが、どうして資産ではなく、〝在庫〟(inventory)という言葉が使われているのでしょうか。それは、材料の在庫に関する限り、この定義が従来の定義と大きく異なることをはっきりと示すために意図的に使われているのです。

それでは、倉庫に保管されている完成品について考えてみてください。この製品在庫には、どのような価値を付加することができるでしょうか。先の定義に従えば、製品をつくるのに用いられた材料や部品代として他社に支払われた金額のみが割り当てられることになります。自社のシステムによる付加価値、さらには直接労務費さえも付加されることはありません。これは従来の在庫の評価方法とは大きく異なります。ＦＩＦＯ(先入先出法)やＬＩＦＯ(後入先出法)、あるいはそういった類の手法ではないのです。どうして、そうも大きく異なる必要があるのでしょうか。

付加価値とは、いったい何に対して付加される価値なのでしょうか。製品です。しかし、私たちが関心あるのは製品ではありません。会社なのです。ですから考えなければいけないのは、どの時点をもって会社に対し価値が付加されるのかということです。答えは、製品、商品が販売された時点です。その一秒前でも一分前でもダメです。製品に対し価値を付加するという考え方は、実は歪曲した部分最適化の考えでしかないのです。考え方が歪曲しているのですから、企業の行動に歪曲が生じても驚くことではありません。では、どのような歪曲が起きているのか、一般的な例を挙げて説明してみましょう。

例えば、あなたが大企業に属する工場のプラント・マネジャー（工場長）だとしましょう。営業やマーケティングはあなたの管轄下ではありません。これらの責任は他の州に所在する別の部門が管轄しています。

さて、昨年のあなたの工場の純利益は、わずか一パーセントでした。あなたが受け取ったボーナスは当然のことながら微々たるものです。しかし、家では奥さんからもっと大きな家に引っ越したいと大きなプレッシャーをかけられています。それに長男は今年、アイビーリーグの大学に入学したばかりです。あなたはもっとたくさんのお金が必要です。そこであなたは、今年こそはたくさんボーナスをもらおうと決意します。

ところが、あなたの工場の今年の売上げ予想は昨年とまったく同じです。それについて、あなたにできることは何もありません。先ほども言ったように営業はあなたの管轄下ではないのです。しかしながら、会社本部からは在庫の縮小を重要評価尺度として見なす旨の通達がありました。在庫は負債なのだということに本部もようやく気づいたのです。在庫はあなたの管轄下です。そこであなたは今年、在庫の縮小に注力することにします。しかし在庫を縮小することで、他の部署、部門のパフォーマンスに悪影響を及ぼすようなことがあってはいけません。

さて、努力の甲斐あって、仕掛り在庫と完成品の在庫は年初の半分の量まで縮小することができました。それも、売上げや顧客サービスは一切落とさずに、です。むしろ、顧客サービスの質は向上しました。さらに注目すべきは、追加投資を一切必要とせずにこれらの結果を達成できたことです。新しい機械を購入して追加したわけでも最新鋭のコンピュータ・システムを導入したわけでもありません。業務費用が増加したわけでもなければ、コンサルタントを雇ってアドバイスを受けたわけでもありません。ただ、業務費用は以前と同じ水準で減少することはありませんでした。

では、どのようにして在庫を縮小することができたのでしょうか。実は、販売は安定していたので、しばらくの間、購買と生産を手控えただけだったのです。その間、もちろん労働力はフル稼働することはありませんでした。しかし、だからと言って、従業員を解雇するようなこともできませんでした。解雇しようものなら、組合との間に大きなトラブルが発生するばかりでなく、また雇用する必要が生じても、スムーズに同じ従業員を再雇用できるとは限りません。みんな優秀な人間ばかりなので、解雇されてもすぐ他の会社でいい仕事を見つけることができるからです。あなたは経験豊富なマネジャーです。彼らをクビにして、また一か月も二か月もしたら、すぐ新しい人間を雇ってトレーニングしなければいけなくなるような愚かな真似はしないはずです。

それでは、あなたのパフォーマンスを評価してみましょう。売上げと顧客サービスに影響はありませんでした。原材料以外への投資も特に増えていません。業務費用は、以前と同じで変わりません。しかし、仕掛り在庫と完成品の在庫は大きく減りました。こんな結果を出すことができれば、どんなマネジャーでも鼻高々に違いありません。

ところで、ボーナスはどうなりましたか。少しも増えなかった？　それどころか、新しい就職先を探さないといけないですって？　そうなんです。かえって自分の首を絞める結果になることがあるのです。製造現場のマネジャーなら、そんな経験がある人も多いことでしょう。正しいことをしたのにもかかわらず、財務諸表上は、逆にパフォーマンスが悪化するのです。在庫が縮小されると、財務諸表上ではいったいどのように評価されるのでしょうか。なぜ、本部は在庫を縮小するように指示を出したのでしょうか。在庫が負債だからです。しかし、年度末にパフォーマンスを評価する段階では、在庫はどの項目に分類されるのでしょうか。資産です。そうです、負債のはずの在庫が正反対の資産として分類されているのです。

「在庫を縮小しろ。在庫は負債だ。よくがんばって、在庫を減らしてくれた」。そう言われたのも束の間、急にルールが変わるのです。突然、在庫は資産だと聞かされて、あなたの首に斧が振り下ろされるのです。いったい、どうしてそんなことになるのでしょうか。では、一緒に考えてみましょう。

在庫は財務諸表上、資産として計上されます。しかし、その金額はどのように評価されるのでしょうか。仕掛り在庫と製品在庫に関して言えば、その金額は原材料費だけではなく製品へ配賦される付加価値も含まれています。もし購買をストップしたら、手元には現金が残ります。購入されなかった原材料費分の現金です。しかし、それだけでは本来製品に割り当てられるはずだった付加価値をすべて補完することはできません。そして行き場を失った付加価値は、損益計算上、損失として計算されてしまうのです。

ですから、製品に付加価値を割り当てることだけに絞って考えれば、在庫を縮小するという動機はあまり起きないのです。在庫を縮小してその分利益が減ったとしても、それを補うに足りるだけ販売が伸びた場合でなければ、在庫を縮小する意味などないのです。これは、実際、広く欧米企業において見受けられる行動です。無理もありません。評価尺度が歪曲しているのですから、仕方のないことなのです。

どのような尺度で私を評価するのか教えてくれれば、どのように私が行動するのか教えてあげましょう。もし不合理な尺度で私を評価するなら、私が不合理な行動をとったとしても、文句を言わないでください。

付加価値を割り当てるという概念は、別の面で、さらに大きな問題を引き起こします。これは、あるアメリカ企業の話です。一九八〇年代初頭、この会社は年間の売上げが九〇億ドル、しかしその年は若干の損失を出して終えました。それまではずっと利益を出し続けていたので、これは予想外のことでした。

当然、ウォールストリートの受け止め方は否定的でした。株主の間にも失望感が漂いました。あっという間に社長はクビを切られ、そしていかにも屈強そうな社長が新たに雇われました。

新社長は、興味があるのはただ一つ、利益だけだと高らかに宣言しました。取締役会は大喜びです。彼が雇われたのも、おそらくそれが理由でしょう。さて、彼が最初に行ったのは、自社で製造しているすべての部品のリストをプリントアウトさせることでした。膨大なページ数になったことは、容易に想像していただけることでしょう。

彼は、一つひとつの部品の製造コストがいくらなのか、また同等の部品を外部から調達できるとしたら、その購入コストがいくらなのか、**正確に**知りたかったのです。そして、彼はある方針を新しく定め、これを強制しました。外部から調達したほうが安い部品については、直ちに自社生産をストップし、アウトソースするというものでした。ビジネスなのだから、下手な愛着心は不要だというのです。もちろん、それに応じて労働力の調整も必要とされました。

自社生産すべきか、あるいは外部調達すべきか、その選択をしなければいけない場合、あなたの会社でも同じように決めるでしょうか。ただし、この会社の場合、まさに全社的に大規模なスケールで、なおかつ目を見張るほど迅速に行われました。作業を先延ばしすることは一切許されませんでした。故意に遅らせようとした人間は、見せしめにクビを切られました。

四か月後、社長はリストを更新するよう指示を出しました。実際のパフォーマンスをチェックするのは企業にとっては非常に重要なことです。新たに自社生産しているすべての部品のリストが作成され、自社生産した場合のコストと外部調達した場合のコストも更新されました。その後は、四か月前と同じ作業の繰り返しです。外部調達したほうが安い部品は、自社生産が中止されました。

企業であれば、時には従業員をレイオフする必要もあるでしょう。人を解雇するのは不可能なことではありません。しかし、機械や装置をレイオフするのは、そう容易なことではありません。建物をレイオフするとなると、マッチで火をつけるしかないでしょう。多くの部品を自社生産していた時は、コストがたくさんの部品に割り振られていましたが、多くがアウトソースされたいまは、残された部品だけでそのコストを負担しなければいけなくなります。つまり自社生産する部品一つひとつのコストが、ますます高くなるのです。そうなると、ますます多くの部品が外部調達した場合のコストと比較して割高になるため、アウトソースされる部品がますます増えるのです。

馬鹿げていますか。欧米企業の多くでは、程度の差こそあれ、この考え方が実際に用いられているのです。そう考えると、一概に馬鹿げているとは言えません。話はまだ続きます。第4四半期がやってきました。結果は、惨憺たるもので、財務諸表の数字は非常に苦々しいものでした。取締役会やウォールストリートとの蜜月も終わりです。

社長は再度、業務を見直しました。その結果、投資の多くが最終組立工場に集中していることに気づき、今度はそこに神経を集中することにしました。少なくとも、最終組立工場の能率を向上させよ

う と考えました。能率が悪い理由は何でしょうか。部品が足りないからでしょうか。それなら、必要なだけ用意してあげましょう。行動派の社長は、さっそく銀行からお金を借り入れることに成功しました。彼はこのお金を使って、その四半期中は、週七日、一日三交替、どの組立工場も休むことなく作業を続けられるようにしました。能率はこれまでにないほど高いレベルに達しました。もちろん、現在の受注量だけでは、そのようなハイペースの生産量を処理できません。そこで長期的な予想に基づいて、この先、入るであろう注文を前倒しして生産することにしたのです。これも多くの欧米企業でよく見受けられる行動です。

その年度の終わりになって、財務諸表上は、彼の決断がまったく正しかったとする結果が出ました。製造間接費の多くが吸収され、利益も増えました。社長には多額のボーナスが支払われました。しかし、彼には一抹の不安が残りました。このあと、何をどう続けたらいいのかわからなかったからです。そこで、彼はさっさと社長を辞職しました。ここまでなら、面白い話で終わらせることもできるのですが、そうはいきません。この話には、悲惨な結末があるのです。翌年、何万人もの社員が職を失い、会社は規模を三分の一にまで縮小し、社名も変更せざるを得ませんでした。どの会社かおわかりでしょうか。

真の利益ではなく、人為的な見せかけの数字だけを追い求める——そんな行為が、企業経営において大手を振っているのです。付加価値という概念のせいで、〝在庫利益〟、〝在庫損失〟といった馬鹿げた観念が生まれてくるのです。しかし、資金繰りが苦しくなり取り返しがつかなくなる前に、たいていの企業は、この在庫利益ゲームに終止符を打ちます。しかし中には、最後までこのゲームにつきあってしまう企業もあります。しかし、ゲームを終わらせたからといって、ダメージが少しもなかったかというとそうもいきません。製品の配送センターでは倉庫に在庫が所狭しと積み上げられ、その結果、会社とクライアントとの間には大きな距離が置かれてしまうのです。

製品のライフサイクルが二年未満という環境の中、三か月から六か月分もの在庫を抱えてビジネスを行っているというのが、今日の多くの企業の実態です。こうした会社が、例えば同じ市場で在庫を一か月分しか抱えていない会社と競争しなければいけないとしたら、いったいどうなるでしょうか。その会社が地球の裏側で製品をつくっていたとしても関係ありません。長期的にはどちらが勝者となり得るのでしょうか。実際には、これまでどちらが勝者となってきたでしょうか。この厄介者の在庫を、はたして企業は取り除くことができるのでしょうか。投資家の心理を考えれば、取り除こうと思っても一気にというわけにはいきません。ゆっくり、少しずつしか行うことしかできないのです。会社の経営陣も、どんなに悲惨な結果が待っているのか、株主に対して明確に説明することができないに違いありません。

どのような尺度で私を評価するのか教えてくれれば、どのように私が行動するのか教えてあげましょう。もし不合理な尺度で私を評価するなら、私が不合理な行動をとったとしても、文句を言わないでください。

このメッセージは、企業の生存に大きく関わる非常に重要なメッセージです。決して軽視しないでください。

ただし在庫から付加価値を取り除いたとしても、その分のお金の流出がなくなったかというと、そうではありません。これ補うのが、三つめの評価尺度、〝業務費用〟(Operating Expense) です。

業務費用は、**在庫をスループット**に変換するためにシステムが費やすすべてのお金と定義されます。

ここでまた〝すべてのお金〟という表現の登場です。業務費用は、製造現場で働く工員たちに支払われるお金、すなわち直接労務費として支払うお金だけではありません。営業マンの仕事も、在庫をスループットに変換することです。職長の仕事も、そしてマネジャーや彼らの秘書の仕事も、在庫をスループットに変換することです。でなければ、いったい何が彼らの仕事なのでしょうか。同じ仕事をしているにもかかわらず、物理的に製品に直接さわって仕事をしているかいないかで区別する必要があるのでしょうか。

ここで〝在庫〟と〝業務費用〟の定義を注意深く読み直してみてください。在庫には〝投資〟(invest) という言葉が使われていますが、一方、業務費用には〝費やす〟(spend) という異なる表現が使われています。では、研究開発に携わっている技術者の給料は、どのカテゴリーに分類したらいいと思いますか。

これら三つの定義の使い方をさらにはっきりと区別するために、もう少し詳しく説明してみましょう。本章冒頭部分で、在庫の定義が、機械や建物に関する限り、従来の定義とまったく同じであると述べましたが、その理由を示してみましょう。例えば、機械のための潤滑油を購入するとします。購入した時点では、潤滑油に支払ったお金を業務費用と考えてはいけません。まだ、潤滑油は使われないで手元にあるのです。ですからその時点では、まだ在庫です。しかし使いはじめたら、使われた分は、在庫から業務費用に分類し直さなければいけません。考えればわかることです。

では、次は材料の購入を考えてみましょう。材料の購入費は業務費用ではありません。これは在庫です。そして、これを加工してスループットに変換します。加工する際に、材料からは切れ端やクズが出て、これらは廃棄されます。こうして廃棄された部分については、在庫から業務費用に分類し直さなければいけません。

さらに今度は、新しい機械を購入する場合を考えてみましょう。機械は自分たちが所有し、なくなるわけではないので、購入代金は業務費用とはなりません。在庫です。しかし機械を使いはじめると、少しずつですがその機械は摩耗され続けるので、定期的にその価値を在庫から差し引き、業務費用に移してやらなければいけません。このような手法を何と呼ぶのでしょうか。そう、減価償却(depreciation)です。

THE HAYSTACK SYNDROME
Sifting Information Out of the Data Ocean

Part II

コストワールドの落とし穴

6　コスト会計が辿った運命

さて、ここまで従来の評価尺度と新しい評価尺度の間の二つの大きな違いについて見てきました。これで、どうして相対しているのが**新しい総合的な経営哲学**なのだと直感的に感じるのか、その理由がわかったでしょうか。いいえ、そうは簡単にいきません。まだまだ多くの疑問が残っています。まずは、こうした違いを唱えているのはＴＯＣ（制約条件の理論）だけだということです。ＪＩＴやＴＱＭは、わざわざ新しい評価尺度を示すようなことはしていないので、こうした違いには気づくすべもありません。もう一つは、スループット、在庫、業務費用という評価尺度が、実は従来の経営手法においても使われている点です。

マネジャーなら誰でも、スループット、在庫、業務費用をよく知っていることは、簡単に説明できます。それぞれの評価尺度がどちらの方向へ動くべきなのか、ちゃんとわかっているのです。簡単な質問をしてみればわかります。「スループットは増えたほうがいいですか、減ったほうがいいですか」。答えは明白です。「会社がお金をつくり出す割合は増えたほうがいい」と答えるに違いありません。

在庫はどうでしょう。増えたほうがいいですか、減ったほうがいいですか。全員、声を揃えて「在庫の形で眠っているお金の量は減ったほうがいい」と答えるでしょう。それでは、業務費用はどうですか。答えはわかりきっているので、質問するまでもありません。

では、もう一歩突っ込んで考えてみましょう。評価尺度が三つあるということは、どのような行動も、これら三つの評価尺度全部に照らし合わせて評価しなければいけないということです。そのために尺度が三つあるのです。どれか一つの尺度だけで評価しても意味がありません。例えば、業務費用を減らすいちばん効果的な方法は何でしょうか。従業員を全員解雇すればいいのです。業務費用を一気に減らすことができます。しかし、もちろんスループットは地に落ちます。でも業務費用を減らすだけなら、それでいいではありませんか。スループットが減ろうと、そんなこと、誰が気にするでしょうか。

大事なのは、いかなる行動を評価する場合でも、評価尺度が三つあることを忘れないことです。一つだけはありません。でなければ、間違って悲劇的な行動が取られてしまう危険性があるのです。つまり、最終的な審判は、一つひとつの評価尺度ではなく、三つの評価尺度全部の関係によって行われるということです。関係する評価尺度が三つということは、数学的には、二つの関係を意味します。三つの評価尺度が、この二組の関係の中にすべて含まれていれば、どういった関係を選んでも構いません。では、どのような関係が考えられるでしょうか。例えば、「スループット－業務費用」（T－OE）という関係を考えてみましょう。見たことがありませんか。そうです、これは**純利益**です。

では、もう少し複雑ですが、これはどうでしょうか。「（スループット－業務費用）÷在庫」［（T－OE）／I］。これは、もっと見慣れているのではありませんか。そうです、**投資利益率**です。

おわかりように、これら三つの評価尺度――スループット（T）、業務費用（OE）、在庫（I）には、実は、特に目新しいことは何もないのです。従来の評価尺度に容易に結びつけることができるのです。こう説明すると、先に進めなくなってしまうように思われるかもしれません。ゴールや評価尺度に何も新しいことがなければ、どうやって**新しい総合的な経営哲学**などと呼ぶことができるでしょうか。

その話に進む前に、もう少し考えてみましょう。これら三つの評価尺度をもって成り立つ二つの関係であれば、どのような組み合わせでも最終的な評価判断として使うことができます。では、他に、どのような組み合わせが実際用いられているでしょうか。

例えば、「スループット÷業務費用」（T／OE）と、「スループット÷在庫」（T／I）というのはどうでしょう。これらは何と呼ばれているでしょうか。そうです、前者は**生産性**です。後者は一般的に**回転率**と呼ばれています。

純利益と投資利益率、あるいは生産性と回転率。どちらの組み合わせでも構いません。好きなほうを選んでください。しかし、両方を同時に選んではいけません。そんなことをしたら混乱するだけです。会社全体には純利益や投資利益率を使って、各部門、部署ごとには生産性や回転率を使って評価すべきだ、などと偉そうに言う人もいますが、なんと馬鹿げた言い分でしょう。会社全体としてのゴールは一つです。であるなら、評価システムも一つでなければいけません。

さて、コスト会計は、いったいこれにどのように関わってくるのでしょうか。一見したところ、入る余地などないように思われますが、そうではありません。コスト会計は、発明された当時としては非常に優れた手法で、非常に重要なニーズに応えてきました。なくてはならないものでした。しかし、その今日における役割を理解するには、根本的な概念から見直す必要があります。

コスト会計は、あまりに一般化されすぎてしまいました。状況や環境に関係なく、あらゆる企業で安易に用いられているのです。そのことに気づかず、多くの企業が犠牲となっています。環境が急速に変化し、競争が熾烈化を増す今日、これをきちんと理解していることは不可欠です。さもなければ、企業活動はさまざまな面で麻痺し無力となってしまいます。どういうわけか、マネジャーのほとんどが、〝究極〟のソリューションなるものを必死に探しているのです。しかし、究極のソリューションには、真実を認識する能力だけでなく、非現実的ながら状況が固定された普遍のものであると前提することが求められます。しかし、状況は日々変化し続けています。ですから、究極のソリューションなど現実には存在し得ないのです。存在するのは、究極ではなく強力なソリューションだけです。

強力なソリューションとは、大きな問題に対応することのできるソリューションです。たとえ問題を華麗に処理することのできるソリューションであっても、小さな問題しか扱えないソリューションは、強力と呼ぶことができません。大きな問題とは、会社全体のパフォーマンスを低下させるような問題、従業員やマネジャーの行動を歪めるような問題で、こうした問題に対しはっきりとした答えを出すことができるのが、強力なソリューションなのです。すなわち、強力なソリューションを導入することで、会社のパフォーマンスや従業員の行動が変わるなど、劇的なインパクトを直接与えることができるのです。

私たちの組織、会社は常に周囲と関わり合いながら営みを続けています。外界から孤立して存在しているわけではないことは、常によく認識しておく必要があります。会社が大きく変化する時、当然、周囲にもその影響は及びます。その結果、これまで以上のパフォーマンスが求められます。強力なソリューションを導入すると、会社には大きな変化が生じます。その余波を受けて、周囲にも変化が生じます。しかし、その反動で大きな問題が発生し、逆に導入したソリューションが打ち消され、無力化してしまうこともあります。

こうした不具合な状態も覚悟しておかなければいけません。ソリューションが強力であればあるほど、その反動は強く、ソリューション自体が潰されてしまう可能性は高くなるのです。この現実を無視すれば、行き着くところは一つしかありません。つまり、**「昨日の強力なソリューションは、今日の大惨事」**となり得るのです。

実は、これがコスト会計が辿った運命なのです。コスト会計は、考案された当時、産業史上、最も強力なソリューションの一つと見なされていました。それがどれほど強力だったのかは、次の章でさらに詳しく説明します。産業が繁栄し、目を見張るようなスピードで成長するのを可能にした主要なツールの一つがコスト会計だったのです。しかし、この成長をきっかけに、さらにもっと優れた技術へのニーズが高まり、同時に、新たな発明や技術の開発に資金を供給する手段が提供されたのです。

しかし、技術が進歩したために、肉体労働と頭脳労働に対するニーズの比率も変化してきました。一〇〇年前には、わずか〇・一程度だった間接費係数（製造間接費÷直接労務費）が、いまではほとんどの会社で五から八へと大きく増えているのです。直接労務費は、コスト会計が考案された当時、製造間接費の約一〇倍もあったのですが、いまでは、逆に間接費の一〇分の一にまで減少しています。

　コスト会計は、確かに強力なソリューションでした。企業の行動やパフォーマンスを大きく変えました。そして、今度は産業がテクノロジーに影響を及ぼしました。すると、進歩を遂げたテクノロジーが、今度は皮肉にもコスト会計を崩壊させてしまったのです。コスト会計の基盤になっていた前提がもはや効力を失ってしまったのです。そして、栄華を極めていたソリューションも、やがて廃れ果ててしまったのです。しかしいまだに、このソリューションにすがっている会社もあり、多くの会社が惨事に直面しているのです。

7 もはや効力を失ったコスト会計

さて、ここまで三つの評価尺度（スループット、業務費用、在庫）を定義してきました。しかし、私たちに必要なのは、本当にこれら三つの評価尺度なのでしょうか。これらの尺度を用いれば、局所的な意思決定が組織全体のゴールに与える影響を評価できるのでしょうか。直感的には、適切な尺度のように思われますが、本当にそうなのか、よく考えてみましょう。これらが本当に適切な評価尺度であるかどうか、それはまだ少しも証明していません。

局所的な意思決定を評価するには、まず一つひとつの評価が何によって構成されているのか、分解していく必要があります。では、スループットはどのような要素から成り立っているのでしょうか。企業のスループットは、製品A、製品Bなどといったさまざまな製品の販売によって構成されています。製品は、サービスの場合もあります。つまり、企業のスループットとは、個々の製品を販売して得られるスループットを単純に合計したものなのです。これを数学的に表すと次のようになります。

$$T = \Sigma pTp$$

業務費用についても同じように考えることができます。在庫をスループットに変換するために使われるのが業務費用です。では、このお金は誰に支払われるのでしょうか。従業員やマネジャーの給与、銀行の利子、電気やガスなどの光熱費、健康保険料などです。他にも費用項目はたくさんあります。しかし、ここで注意しなければいけないのは、製品は含まれていないことです。在庫をスループットに変換するために、製品に対しお金を払ったりはしないからです。

同じように、サプライヤーなどの業者への支払いもまた業務費用には含まれません。納入業者に支払うお金は業務費用ではなく、在庫です。すなわち、企業が支払う業務費用の総額は、個々の業務費用項目の金額を単純に合計したものとなります。数学的に表すと、次のようになります。

$$OE = \sum cOEc$$

在庫はどうでしょうか。在庫が何で構成されるのか、それはわかりきったことなので、ここでは説明しません。

さて、スループット、業務費用、そして在庫をそれぞれの構成要素に分解したわけですが、ここで問題が一つ浮かび上がります。先に説明した評価尺度を局所的な意思決定の評価に用いるには、少し注意が必要なようです。例えば、最終的なパフォーマンスを純利益と投資利益率を用いて判断するとしましょう。ですが、よく考えてみてください。まったく不可思議なことを行っていることに気づきませんか。純利益は、単純にスループットから業務費用を差し引いたものです。数式的にはこう表されます。

$$NP = \Sigma pTp - \Sigma cOEc$$

注意して見てください。この数式の右辺の左側は製品ごとの合計、右側は費用項目ごとの合計です。リンゴとオレンジという異なる種類の果物を足せば、フルーツサラダができあがります。では、次のような場合はどうでしょう。例えば、新製品の販売計画があって、それを評価するとします。どのくらい売れるか、おおまかな予想はついています。しかし、私たちが本当に関心あるのは、この製品の販売ではなく、この製品を販売することで会社全体の純利益にどのような影響がもたらされるかということです。

しかし、この製品を販売することで、他の製品の売上げにどのような影響があるのかがわからなければ、どうやってこの質問に答えることができるでしょうか。どの項目の業務費用がどれだけ減ったり増えたりするのかがわからなければ、どうやって答えることができるでしょうか。この製品を販売して、たとえ多くのスループットが得られたとしても、会社全体としては純利益が下がってしまうこともあり得るのです。これは非常に重要なことです。安易に意思決定してはいけません。新しい評価尺度をもってしても、このような局所的な意思決定には、対応できないように思われますが、はたしてどうなのでしょう。

コスト会計は、こうした問題に答えるために考え出された手法です。コスト会計を考案した人は、きっとこんな具合に考えていたに違いありません。「私は、あなたの質問に正確に答えることはできません。しかし、実は正確に答える必要などないのです。答えは、この製品がどれだけ売れるか、あくまでその推測値に頼らざるを得ないからです。必要なのは、完璧に正確な予測ではなく、できる限り正確に推測することなのです。それなら、私にもできます」

彼は、リンゴとオレンジではなく、リンゴとリンゴを足す、すなわち製品と業務費用という異なる二つの要素ではなく、一つの要素にまとめて答えを出そうと考えたのです。彼はきっとこう言ったに違いありません。「業務費用は異なる費用項目ごとではなく、製品ごとに分類すればいい。正確ではないかもしれないが、推測としては悪くない」

業務費用の分け方を変えるには、質問の仕方を変えるだけでいいのです。「お金を誰に払ったのか」ではなく、「何のためにお金を払ったのか」と訊き直してみるのです。どうして、従業員にお金を払ったのでしょうか。それは、製品をつくるためです。特定の製品をつくるためにお金を払ったのです。そう考えれば、直接労務費を製品ごとに割り当てることができるのです。

コスト会計が考え出された二〇世紀初頭、ほとんどの企業では、直接労務費は製造された製品一つひとつを単位に支払われていました。給料が時間単位で支払われ、さまざまな理由（労働組合だけではなく）から、簡単に雇用・解雇ができない今日とは大きく事情が異なっていました。

しかし、費用項目には製品一つひとつに割り当てることのできないものもあります。どのようなものがあるでしょうか。例えば、社長の給料です。特定の製品をつくることになったからといって、社長に給料を支払うわけではありません。こうした製品への割り当てが不可能な費用を全部まとめ、同じ項目でくくるのです。〝製造間接費〟、いや〝お荷物〟などと呼んでみてはどうでしょうか。製品ごとに割り当てることのできない余計な費用を呼ぶのに、ちょうどいい呼称ではないでしょうか。マネジャーたちの給料を〝お荷物〟と呼ぶのは少しばかり勇気が必要かもしれませんが、気づいてくれないことを願いましょう。

冗談はさておいて、こうした〝製造間接費〟はどのように扱ったらいいでしょうか。コスト会計の考案者に迷いはありませんでした。説明を繰り返しますが、二〇世紀初頭、こうした費用は直接労務費と比べると本当に微々たるものでした。費用の大部分はすでに製品に割り当てられ、残りはわずかです。彼の考えはごく単純なものでした。「残りの費用は、直接労務者の貢献度に応じて分けよう」というものでした。こうして〝配賦〟という手法が考案されたのです。

では、配賦によって何をなし得たのでしょうか。スループットとまったく同じように、業務費用を製品ごとに分けることを可能にしたのです。つまり、「リンゴとリンゴ」という、同一種類のものを足すことができるようになったのです。これで、やっと次のステップに進むことができます。数学的にもずっと簡単に表すことができます。

$$NP = \Sigma pTp - \Sigma pOEp$$

$$NP = \Sigma p(T - OE)p$$

これは大したものです。評価に値する業績です。コスト会計が提案するこの方法によって、会社をすべて製品ごとに分解することができたのです。これで他の製品へ配慮することなく、特定の製品について意思決定することができるようになったのです。

この手法は、当時としては非常にパワフルなものでした。企業は、取り扱う製品を増やしながら、規模を拡大していくことが可能になったのです。注目すべきは、コスト会計を最初に取り入れた会社としてデュポンやゼネラルモーターズなどの名前が挙げられる点です。一方、主力製品を一つに絞っていたフォードでは採用されませんでした。

しかし今日、状況は少し異なります。テクノロジーが進歩して産業界は大きく変化し、コスト会計の礎をなしていた前提は、もはやその効力を失ってしまったのです。直接労務費はもはや製品ごとに支払われるのではなく、従業員となって働く契約を会社と交わすことで支払われます。製造間接費も、もはや業務費用のごく一部分ではなく、直接労務費を上回るレベルにまで膨らんでいます。

今日、会計関係者の間でも、コスト会計がもはや適切な手法ではなく、新たな手法が必要であるという認識が生まれつつあります。しかし残念ながら、根本的な考え方や、財務諸表の仕組みにまで戻って、新たな答えを見つけ出そうというところにまでは至っていません。むしろ、あくまでコスト会計にすがって、それをベースになんとか答えを見つけようと躍起になっているのです。

〝コスト・ドライバー〟（原価作用因）や〝ABC〟（活動基準原価計算）などは、そうした虚しい努力の結果です。もはや、直接労務を基準に費用を配賦できないのは明らかです。ですから、彼らのやり方は「費用の中には一つひとつの製品、つまりユニットごとに配賦できるものもある。いくつかのユニットをまとめてバッチごとでないと配賦できない費用もある。さらには製品ごと、また製品群ごと、そして会社全体でないと配賦できない費用もある」と言っているようなものなのです。確かにそういう具合に、費用を割り当てることはできるでしょう。しかし、何のためにそんなことをするのでしょうか。何はともあれ、ユニットごと、製品ごとに費用を全部まとめることはできません。ならば、何のためにこんなことをするのでしょうか。無駄な数字遊びでしかないのです。

いいでしょうか。配賦という手法は、製品と費用項目という異なる二つの分類を、同じ一つの分類にまとめるために練り出されたのです。もともとの目的は分類を一つに絞ることで会社を容易に分解することを可能にし、より適切な意思決定を行うことでした。しかし、どうでしょうか。配賦という名目のもと、分類は一つに絞られるどころか、どんどん増えていっているのです。単に、その鮮やかな技法に惑わされているにすぎないのです。局所的意思決定が会社全体の利益にどのような影響を及ぼすのかを評価するという、本来の目的を忘れてしまっているのです。

さて、ここからですが、どのように話を進めていきましょう。選択肢としては、「①局所的意思決定に新しい評価尺度をどのように用いることができるのかを考え、もはやコスト会計では解決できなくなった問題を解くための代替的なソリューションを見つける」「②〝新しい総合的な経営哲学〟において、いったい何が新しいのかを続けて考察する」「③いまやまったく不適切となったコスト会計を用いると、企業にどのようなダメージが及ぼされるのかを議論する」の三つです。どれも重要な問題で、議論しなければいけません。しかし、ここはまず、みなさんがいちばん興味をもちそうな、コスト会計から攻めてみることにしましょう。

8　コストワールドの落とし穴

コスト会計を捨てきれないという問題は、実は会計に携わっている人間ではなく、会計部門以外の他の部門、部署のマネジャーたちにあるのです。コスト会計を実務としている者なら、これに代わるよりロジカルで実用的な方法があれば、喜んでコスト会計を放棄することでしょう。誰よりも会計に携わる人間こそが、コスト会計の不合理さを理解しているからです。

あなたも、自分の会社で経理の人に訊ねてみてください。そして、彼らの不平不満に耳を傾けてみてください。彼らは、会社が唯一認めた方法で数字をまとめます。すると他の部署のマネジャーたちが、うわべはその数字をもとにして意思決定を行います。しかし、経理の人に言わせれば、彼らの意思決定は本来、経理がまとめた数字とは何の関わりもあるはずがないのです。経理の人がいちばん腹を立てるのは、こうしてマネジャーたちが勝手に意思決定したあとに、厚かましくもその責任を経理に押しつけてくることです。「だったら、もっとましな方法を用意してくれ」――こういう経理の人の嘆きが聞こえてきそうです。そうなのです。問題は経理に携わる人たちではないのです。コスト会計を捨て切れないのは、他の部署のマネジャーたちなのです。製造、設計、購買、配送、そして営業といった部門、部署のマネジャーたちなのです。では、どうして彼らはこうもコスト会計に固執するのでしょうか。

私が唯一考え得る理由は、コスト会計によってもたらされた副産物です。私たちはこの副産物をあたかも当たり前の存在のように扱っています。配賦という手法によって生み出された数学上の創造物――〝製品の業務費用〟がその副産物です。しかし、よく考えてみてください。これは、明らかに数学的妄想にすぎません。私たちが、製品にお金を払ったことなど一度としてあったでしょうか。しかし、この概念には今日、名前まで用意されています。そうです、**製品原価**（Product Cost）が、その数学的妄想です。

しかし、もしコスト会計の配賦という手法が無意味であると考えるのなら、その副産物も同様に扱わなければいけません。首尾一貫していなければいけないのです。配賦が有効でなければ、製品原価という概念も存在し得ません。損益計算書の計算根拠となる「スループット－業務費用」という計算式では、業務費用はさまざまなコスト項目に分けられますが、そこには〝製品〟という項目は存在しないのです。では、もし仮に〝製品原価〟という概念を取り払ってしまったとしたら、いったいどうなるのでしょう。設計技術者はみな、途方に暮れるに違いありません。これまで設計の最終段階でよりどころとしてきた〝ものさし〟が、突然奪い去られるのです。しかし、実は製品原価だけではないのです。コスト会計には、まだ他にも恐ろしい副産物があるのです。次の式を見てください。

$$NP = \Sigma_p (T - OE)_p$$

この式は、個々の製品ごとに「スループット－業務費用」を計算することを表していますが、これは個々の製品の純利益を表します。しかし、これはあくまで数学的妄想にすぎません。純利益という概念は、会社全体としてしか存在せず、個々の製品には存在しないのです。となると、製品利益、製品マージン、製品原価といった概念、用語は、コスト会計の配賦という手法が無効と見なされた瞬間、その存在意義を失ってしまうのです。これまで使ってきたボキャブラリーがもはや無効だとわかった時の、営業マンの顔を想像してみてください。よりどころを失って、きっと途方に暮れてしまうに違いありません。

しかし残念なことながら、現実には、これらの概念は私たちの意思決定プロセスに深く根ざしています。コストを配賦せず、P／Lの数字を用いるだけで適切な意思決定が可能な場合にでも、わざわざこれらの概念を用いたりしているのです。まさに重症です。その典型的な例を二つ用意したので、検証してみましょう。

欧米の企業はどこも、「総スループット－総業務費用」という式に基づいて企業業績を報告します。しかしながら、これらの企業の内部（部門レベル、工場レベル、そしてその下部まで）を覗いてみると、異なった構造が見えてきます。〝予算〟(budget) と呼ばれる魔物が棲みついているのです。予算とは、いったい何でしょう。予算とは、概算によってP／Lを組み立てたものです。個々の製品の〝純利益〟を積み上げて、工場の純利益を求めるのです。当然、それでは辻褄が合うわけがありません。そこで、このズレを〝差異〟(variance) と呼んで、無理に辻褄合わせをするのです。

こんな不具合な方法を用いていたら、いったいどういうことになるでしょう。誰もが忙しく作業に追われている月末の工場へ行って、工場長を探してみてください。そう簡単には見つからないでしょう。きっと経理課長と一緒に、どこかの部屋にこもってなんとか数字を合わせようと必死になっているはずです。しかし、その結果は、どうでしょう。利益が出ているのか、はたまた損失を出しているのか、結局のところはっきりとはわからないのです。コストをどのように割り当てるのか、すべて数か月前に行ったその配賦の仕方次第なのです。

では、企業全体の場合と同じように、もっとシンプルに純利益を計算してみてはどうでしょうか。何か問題があるのでしょうか。もちろん、そんなはずはありません。実は、そのほうがずっと早いし、必要とされるデータも少なくてすみます。それなのに、なぜわざわざ複雑な方法を用いて、そして間違った答えを出す必要があるのでしょうか。まるで〝製品原価〟や〝製品利益〟を用いるのが義務づけられているようです。他に理由は見当たりません。

損失は無駄に使った時間と労力だけでしょうか。いや、違います。実はもっと大きな損失があるのです。例えば、適切な対策をとって工場のパフォーマンスが大いに向上したとします。しかし〝差異〟の手法を用いて計算されたP／Lから判断すると、この二、三か月、状況はますます悪化しているという結果が出たとしましょう。そんな場合、普通の人なら、たとえ間違っていなくても、これを撤回してまた元のやり方に戻ってしまうのです。このようにパフォーマンスの評価は、人の行動に大きな影響を及ぼすのです。

特に憂うべきは、起業家のもとで順調な成長を続けている小規模の会社です。一定の事業規模に達し、適切な経理システムが必要となった段階で、経理の専門家を雇い入れます。大企業で工場の経理を経験した者もいるでしょう。そんな人間を雇ったとすれば、きっと〝差異〟の手法を導入するに違いありません。そうすると、せっかく順調に成長していたはずの会社が、逆に手に負えない状態に陥ってしまうのです。

もう一つ、別の例を考えてみましょう。シンプルなP／Lの考え方だけで十分なはずなのに、コスト会計の考え方がすっかり浸透している場合です。この会社は、コスト会計が生み出されたきっかけとなった問題とは正反対の問題に直面しています。つまり、新しい製品を立ち上げるかどうかではなく、既存の製品を打ち切るかどうかです。

こうした問題への判断は通常、会社レベルで行われます。それではたいてい、まずはどういった製品がまず打ち切りの対象となるでしょうか。そうです、いちばん利益の少ない製品です。いいでしょうか、ここで私たちはもうすでにコスト会計の概念を用いてしまっているのです。

いちばん利益の少ない製品と言いましたが、どうやってそれを計算するのでしょうか。まず最初に考えなければいけないのは、それぞれの製品のスループットがどれだけかということです。これは簡単です。販売価格から原材料費を引けばいいのです。次に考えなければいけないのは、それぞれの製品を製造するのにどれだけのコストがかかるかです。私たちが知りたいのは、個々の製品の利益です。ですから、コストを知る必要があるのです。これも難しくありません。さて、会社レベルでは、単純にその製品をつくるのにどれだけの直接労務が必要かを見ます。一二・七三分……といった具合です。非常に事細かに数字をつかんでいるのです。しかし、製造現場の工場はどうでしょうか。彼らには一〇分かかるのか、一五分かかるのか正確なことはわかっていません。しかし、会社はすべてをちゃんと把握しているのです。そして、今度はこの時間を賃率（Labor Rate：時間当たり直接労務費）を用いて金額に変換し、その結果に間接費係数（Overhead Factor）を掛けるのです。この間接費係数は、前年あるいは前四半期の実績値をベースに割り出されます。しかし、これから新しい方法を模索しようというのに古い数字を用いることには疑問を感じますが、とりあえずそのことはここでは考えないでおきましょう。とにかく、これで製品原価がわかります。

　さて、もし原価がスループットとほとんど変わらない、非常に近い値だったとしたらどうなるでしょうか。いや、スループットより逆に大きかったとしたらどうでしょう。その製品の製造は打ち切り、販売活動も中止せよとの指示が即刻、工場へ伝達されることでしょう。ですが、工場側はたいていこうした指示に反発を示すものです。「同じことの繰り返しだ。今回だけじゃない。今日は、この製品を打ち切ろと言う。しかし、間接費はちっとも減らない。そして三か月後には、本社でまた別の人間が同じ計算をして、あと二つ製品を打ち切れと言ってくる。そしてじきに、工場は閉鎖の危機にさらされるんだ」

　しかし、実はそんなに難しく考える必要はないのです。「総スループット－総業務費用」という、本来のP／Lの計算式を使えば、実は非常に簡単に計算できるはずなのです。まず「この製品を打ち切ったら、会社全体の総スループットはどうなるのか」を考えてみるのです。販売予想に基づいた数字を使えば、ある程度の答えは出せるはずです。完璧に正確な予想など無理なのですから、この数字を使えばいいのです。答えは、打ち切った製品の販売分が失われる、です。

次に、この製品を打ち切った場合、総業務費用にどのような影響が出るかということです。原価への影響ではありません。業務費用の定義に従えば、要は、従業員を何人解雇することができるか、ということです。例えば、二〇人解雇するという予定があったとしても、これはあくまで数字上の予定でしかありません。数字ばかり眺めるのをやめて、現場で実際働いている人間と向き合って予定を立てるとなると、これが六人とか、七人という数になぜか減っていくものなのです。

では、いったい何人解雇するのでしょうか。一人も解雇しないのでしょうか。別の部署に配置換えするだけでしょうか。しかし、考えてみてください。従業員を別の部署に配置換えしたとしても、会社全体の業務費用は変わりません。配置換えになった新しい部署で生産性が向上するかもしれないと、あなたは言われるかもしれません。なるほど、それはいいことです。しかし、どうでしょう。不確かになると、私たちは言葉を変えて、ごまかそうとする傾向があるようです。そう、今度は、〝利益〟ではなく〝生産性〟という言葉を使ってごまかそうとするのです。では、生産性が向上するとは、いったいどういう意味でしょうか。別の製品のスループットが上がるということでしょうか。どの製品ですか。どれだけ上がるのですか。もしそれがわからなければ、そんな論議をしても、まったく無意味なのです。

特定の製品を打ち切ることによって、総業務費用はどれだけ減るのでしょうか。従業員を何人減らすことができるのでしょうか。決して気持ちのいい質問ではありませんが、答えるのに苦労するような質問ではないはずです。もし製品打ち切りによるスループットの減少分が、業務費用の減少分より少ない場合は、製品を打ち切っても構いません。しかし、その逆の場合は問題です。誤った意思決定をして、会社をゴールから遠ざけることになってしまいます。

簡単なことなのです。この方法に従えば、特定の製品Aや製品Bを個々に打ち切るのは間違っていても、製品A、B両者を同時に打ち切るのは正しいといった判断に達する場合もあります。解雇する従業員にしても、〇・五人だけ解雇するようなことはできません。人は一人単位でしか解雇できないのです。それなのに、従来の〝製品原価〟手法では、この機械は七パーセント、人は一三パーセントだけといったように、現実離れした数字を用いているのです。そろそろ、現実に目を向けてもいい頃ではないでしょうか。

こうした馬鹿げた計算方法のゆえに、アメリカの産業界は、多くのビジネスをメキシコやフィリピンなどに奪われてきました。いったい、どのくらいの数にのぼるでしょうか。今日でも、大企業は、そうした無意味な根拠を掲げて、製品をこの工場からあの工場へと移動させています。「この製品は、この工場で製造するにはコストがかかりすぎる。間接費が高すぎるんだ。別の工場に生産を移そう」「では、元の工場の従業員は何人か減らすのですか」「いや、減らさない。労働組合と長期合意があるので」「では、新たに生産を始めるもう一つ工場はどうですか」「こっちは、人をもう少し雇わないといけないだろう。しかし、賃金は安いので丈夫だ」などとくるのです。

〝製品原価〟、〝製品マージン〟、そして〝製品利益〟といった言葉は、今日の産業界においてはごく当たり前に使われています。コスト会計を用いるということは、すなわち、会社を製品ごとに分解することを強制しているのと同じです。こうした場合にどんな間違いを私たちが犯してしまうのか、前述の例はそれを示しています。直感や常識を用いて正しい判断をしようとするマネジャーがいたとしても、そう容易にはいきません。その損失は企業活動のあらゆる面に及びます。さて、この章を締めくくるにあたって、ある本からの引用を紹介したいと思います。元ソニー会長・盛田昭夫氏が書いた『MADE IN JAPAN』（朝日文庫）です。

ソニーがまだ弱小企業だったころ、一五〇店を抱えるある米国企業から大きな注文のオファーがありました。そして、製品五〇〇〇個、一万個、三万個、五万個、そして一〇万個ごとの見積もりを出すように言われたのです。彼の常識的判断を理解してもらうには、彼の本を直接読んでもらうのがいちばんでしょうが、ここで盛田氏の見積もりを受け取った、この米国企業の購買部担当者がどのような反応したのか、その部分を引用したいと思います。「盛田さん、私はこれまで三〇年近く、購買の仕事をしてきましたが、買えば買うほど一個当たりの価格が上がるなどと言ったのは、あなたが初めてです。まったく不合理極まりありません」。そうなのです、これがコスト会計の典型的な考え方なのです。

THE HAYSTACK SYNDROME
Sifting Information Out of the Data Ocean

Part III

スループットワールドの意思決定プロセス

9 最も重要なものさし――スループット

さて、話はどこまで進んだでしょうか。**新しい総合的な経営哲学**という表現がどうして適切な表現だと直感的に思うのか、その根拠をまだ模索しているところでした。まず組織のゴールですが、営利企業に関する限り、その目的ははっきりしました。しかし、いままでと異なるような新しいことは何もありませんでした。次に評価尺度について検証しました。確かにある程度の整理は必要でしたが、基本的には何も目新しいことはありませんでした。スループットも在庫も業務費用も、ＪＩＴ、ＴＱＭ、ＴＯＣといった新しい動きが始まる以前から、用いられてきた概念です。

唯一の手がかりは、コスト会計がもはや無効だという事実だけです。評価尺度に対する私たちの取り扱い方がどこか歪曲しているのかもしれません。もしかすると新しいのは評価尺度自体ではなく、私たちがこれらの評価尺度をどの程度重要と見なしているのか、その認識にあるのではないでしょうか。では、重要度を測る何か「ものさし」のようなものがあるのでしょうか。もちろん、そのようなものが正式に定められているはずなどありません。しかし正式ではなくても、実務上用いられているものさしのようなものがあるかもしれません。では、それを確かめてみましょう。

もう何度も述べたことですが、企業のパフォーマンスは、最終的には純利益（Ｔ－ＯＥ）と投資利益率［（Ｔ－ＯＥ）／Ｉ］をもって判断されます。スループットと業務費用は、この両者に影響を及ぼします。一方、在庫ですが直接的には投資利益率にしか影響しません。となると当然、スループットと業務費用に対する重要度のほうが、在庫に対する重要度より高くなります。では、スループットと業務費用の関係はどうでしょうか。この両者の差が利益になるので、いずれの重要度も一見同等のように思われます。しかし、実はそうではないのです。はっきりと目に映りやすいものに高い重要度を与えたくなるのが人間です。従来の経営思考においては、スループットより業務費用のほうがどうしても目につきやすいものです。スループットは、顧客や市場といった私たちのコントロールの及ばない外部要因に依存しています。それに比べ、業務費用はより目につきやすく、コントロールもしやすいのです。ですから、どうしてもスループットより業務費用の重要度を高くしたくなるのがふつうです。

しかし、注意しなければいけません。一九八〇年代以降、確かに状況は変わってきています。だからといって、こうした従来の重要度のつけ方が間違っているとすぐに判断してはいけません。直感的にはスループットがいちばん重要だとわかっています。そして、その直感はここ数年ますます勢いを強めています。しかし、それに左右されて、歪曲した目で従来のものさしを眺めてはいけません。あくまで客観的な判断が必要です。現実をしっかりと見つめなければいけません。どの会社でも同じですが、有力な評価尺度は、実は利益ではないのです。確かに企業のトップレベルでは利益が最重要視されていますが、企業ピラミッドの下層へ行けば行くほど、評価尺度はますますコスト会計色の強いものへと分割されていくのです。では、いったい〝コスト〟とは何でしょうか。

コストは、業務費用と同意語です。ですから、すべてのコスト計算手順は、業務費用に影響を与える行動に対し、価値を付加することに向けられるのです。その結果、スループットへの影響の割合の大きな行動は、〝無形〟として分類されてしまうのです。

例えば、主に顧客サービスを向上させるような活動、あるいは製造リードタイムを短縮するような活動を想像してみてください。今日、どんな企業のトップも、こうした活動は最重要だと認識しています。しかし例えば、こうした活動を実現するために設備投資が必要だとしましょう。ですが、機械を導入してもコストは減りません。こうした場合、中間層のマネジャーたちは非常にやっかいな状況に置かれます。必要とされる機械の購入申請する際、それを正当化しなければいけないのですが、その効果がはっきりと目には映りにくいのです。すなわち〝無形〟の効果として正当化しなければいけないのです。しかし、無形だからといって重要でないかと言うと、そんなことはありません。無形とは、もたらされる価値に対し数値を当てはめることができないような場合に用いられる表現にすぎないのです。コスト会計のもとでは、将来のスループットを増大するような活動は、すべてこの無形というカテゴリーに分けられてしまうのです。業務費用とほぼ同意語である〝コスト〟は、スループットが目指す方向に対してはまったく盲目的なのです。

企業トップがいかに努力しようとも、やはり業務費用のほうがスループットと比較し、ずっと目につきやすいものです。そして、その重要度も、最上位に置かれます。スループットは、そのずっと後方で甘んじざるを得ません。業績不振の会社が、取引銀行に対し再建計画を提出する場合もそうです。

銀行が求めてくるのは、業務費用の削減です。

では、在庫はどうでしょうか。製品への付加価値というやっかいな概念のせいで、在庫を縮小すると、利益は増えるどころか逆に縮小してしまいます。当然、その重要度はスループットのさらに後方、ずっと後ろに置かれてしまうことになります。つまり、こういうことです。従来の重要度のものさしで測ると、業務費用がいちばん、その少し後方にスループット、そしてそのはるか後方に在庫が置かれるのです。JIT、TQM、そしてTOCといった新しい動きにとって、このものさしはまるで闘牛で使われる赤いケープのようなものです。牛がケープを追い回すように、JIT、TQM、TOCのいずれの動きもそれぞれ、これを激しく攻撃しています。

では、JIT、TQM、TOCは、いったいどのようなものさしを用いているのでしょうか。これら三つの考え方の特徴を表すのに、共通して用いられる表現があります。三つのうちのどれでも構いません、いずれかに精通している人に訊ねてみてください。「継続的改善プロセス（Process of Ongoing Improvement）」という答えが返ってくるはずです。いいでしょうか、企業のゴールはただお金を儲けることではありません。現在、そして将来にわたって**より多くの**お金を儲けることなのです。継続的改善プロセスとは、このゴールの定義から出てきた概念なのです。

では、私たちが求めているのが継続的改善プロセスだとしたら、スループット、在庫、業務費用の三つのうちのいずれがいちばん大きな可能性を秘めているでしょうか。少し考えれば、答えはすぐにはっきりと見えてくるはずです。在庫と業務費用の二つについては、私たちは減らす努力をします。

すなわち継続的改善という観点からする限り、その可能性には限界があります。ゼロより減らすことはできないのです。

しかし、スループットは違います。私たちは、スループットを増やす努力をします。その可能性には、上限がありません。つまりスループットこそが、継続的改善プロセスの礎なのです。ですから、重要度でも当然これがいちばん上に置かれなければいけません。

では、在庫と業務費用はどうでしょうか。どちらのほうが重要でしょうか。業務費用は純利益と投資利益率の両尺度に影響を及ぼします。これに対し、在庫は直接的には投資利益率にしか影響を及ぼしません。ですから、前の分析どおり、業務費用のほうが重要ということで問題はないように思えます。しかし、本当にそうでしょうか。いいえ、いまの議論は絶対的ではありません。**純利益**と**投資利益率**が任意に選ばれた尺度にすぎないからです。仮に別の尺度、例えば、生産性と回転率という組み合わせを選んだとしたら、この議論はすぐに行き詰まってしまいます。

では、なぜ在庫より業務費用のほうが重要だと判断してしまうのでしょうか。それは、在庫の**間接的な**影響は考慮しないで、**直接的な**影響だけを見ているからです。これまでの企業経営においては業務費用だけに注意が向けられ、在庫の間接的な影響についてはほとんど目が向けられませんでした。唯一、在庫が業務費用を介して利益にどのような影響を及ぼすのか、その間接的な部分しか考慮されませんでした。在庫のうち、機械の部分については減価償却費という名前をつけて呼び、材料の部分は在庫維持費（carrying cost）という名前をつけて呼んでいるのです。

これに対し、ＪＩＴ、ＴＱＭ、ＴＯＣの三つの動きは、さらにもう一つ、より重要な間接的な影響の存在を認識しています。将来のスループットへの間接的影響、特に時間に関する部分の間接的影響です。私の著書*The Race*は、特に在庫について書いた本ですが、この中で、私は特にこの在庫の間接的影響について三〇ページ以上にわたって説明しています。企業が将来、市場で競争していけるか否かは、在庫に大きく左右しているのだということをはっきりと示させてもらいました。その影響力は非常に大きく、ゆえにＪＩＴ、ＴＱＭ、ＴＯＣのいずれも在庫を重要度では二番めに置いています。そして、そのすぐ後に業務費用が位置するのです。

このようにスループット、業務費用、在庫の重要度の順番は従来とは大きく異なります。スループットが一番、在庫が二番。そして業務費用は大きく順位を下げて三番となっているのです。

この新たな順番が、企業の意思決定に及ぼすは影響は絶大です。従来の尺度ではまったく当然のことと思われていたことが、この新しい尺度のもとではまったく不合理と見なされてしまうのです。ゆえにＪＩＴ、ＴＱＭ、ＴＯＣはそれぞれ、取るに足らない常識と思えることを説くことに力を注いできたのです。

ＴＯＣは、「局所的最適化は、全体最適化につながらない」と執拗に説いています。ＴＱＭは「物事を正しく行うだけでは十分でない。正しいことを行うのが重要なのだ」と促しています。そして、ＪＩＴでは「必要でないことはするな」と教えているのです。

10　パラダイムシフト

さて、業務費用を王座から引きずりおろし、スループットを新たに重要度ナンバーワンにすげ替えたわけですが、これはいったい何を意味しているのでしょうか。実は、ここからが重要なのです。これまでは、組織を独立変数で構成されるシステムとして見ていましたが、これからは従属変数で構成されるシステムというように見方を変えるのです。これは、とても大きな変革です。

もう少し嚙み砕いて説明しましょう。業務費用には、いったいどのようなものがあるでしょうか。従業員は、一人ひとりすべてが業務費用です。エンジニアも営業員も、そして事務員、マネジャーもすべてが業務費用です。廃棄されるスクラップも、光熱費もすべてが業務費用です。何をするにしてもほとんどすべてにお金がかかる、すべてが重要なのがこの世界なのです。これが〝コストワールド〟なのです。

もちろん、すべてが一律に重要なわけではありません。他のものより、より重要なものもあるでしょう。コストワールドにおいても、パレートの法則（二〇：八〇のルール）が適応されるのです。変数の二〇パーセントが、結果の八〇パーセントをもたらすのです。しかし、この法則は、統計的に考えて、システムが独立変数で構成される場合にのみ正しいと言えます。コストワールドは、私たちの組織がそういった類のシステムであると考えるのです。それぞれの業務費用は、互いに独立していて関連していません。袋にあいた穴と同じです。大きな穴も小さな穴もあるでしょう。お金が、それぞれの穴から流れ出ていくのです。

しかし、いまは状況が違います。スループットが重要度ナンバーワンとなったのです。製品が販売され、スループットが得られるまでは、異なるさまざまな機能（部門、部署）が協調し合いながら多くのタスクをこなしていかなければいけません。すなわち〝スループットワールド〟は、従属変数の世界なのです。

スループットワールドでは、パレートの法則さえ、まったく異なった理解の仕方をしなければいけません。二〇：八〇というよりは、〇・一：九九・九といった具合になるのです。変数のほんのごく一部分（〇・一パーセント）が結果の九九・九パーセントを決定するのです。変でしょうか。信じられませんか。よく考えてみてください。私たちが相手にしているのは鎖です。さまざまな活動、作業がひとつながりになった鎖です。この鎖のパフォーマンス、つまり強度は何によって決定されますか。**強度のいちばん低い輪**です。では、一本の鎖には強度のいちばん低い輪はいくつありますか。個々の輪の強度が一つひとつ異なることを前提にすれば、強度のいちばん低い輪は一つしかありません。

この輪に何か適切な名前をつけたいと思いますが、どうでしょう。鎖全体の強度（パフォーマンス）を制限する輪です。**制約**、または**制約条件**というのはどうでしょう。ふさわしい呼び名だと思いませんか。では、企業にはいくつ制約条件が存在するでしょうか。それは、独立した鎖がいくつ存在するかによります。あまりたくさんはないはずです。まず、製品ごとに鎖が形成されます。さまざまなりソースがつながって鎖がつくられるのです。製品だけではありません。リソースごとにも鎖は形成されます。異なる製品同士をつなぎ合わせて鎖が形成されるのです。

ですから、今日の企業環境においては、鎖というよりむしろ格子に例えるほうが適切かもしれません。要は、さまざまな変数が相互に従属関係を形成し交差しながら働き合っているということなのです。この従属関係が、統計的変動と組み合わさって、今日の企業のパフォーマンスを決定づける絶対的な要因となっているのです。ですから、一つの会社にそうたくさんの制約条件があるわけがないのです。〇・一：九九・九という比率でも、現実的にはまだまだ甘すぎるかもしれません。

スループットワールドでは、制約条件に注意を集中することが求められます。しかし、マネジャーたちはそのとおり仕事を行っているのでしょうか。いいえ、残念ながら、そうではありません。彼らの時間の半分以上は、トラブルの解決に充てられているというのがおそらく実情でしょう。彼らは、紛れもなくコストワールドのマネジャーです。彼らにとっては、すべてが、いえ少なくともすべての二〇パーセントは一律に重要なのです。彼らの注意は、薄く広く、多くの事柄に分散されているのです。

マネジャーの中には、まるでピンポン玉で埋め尽くされたプールにつかって、ピンポン玉全部を水の中に沈めろと言われているみたいだと嘆いている人もいます。もしピンポン玉すべてを水の中に沈めなければいけないのなら、すなわちすべてが重要だと思っているのなら、まだスループットワールドの本質が理解できていないのです。

ＪＩＴやＴＱＭは、こうした変革の必要性をあまり強調していません。もちろん何がいちばん重要なのか、新しいものさしに目を向けさせるという点については非常に積極的でしたが、そのものさしに対応するために必要とされる新しい経営スタイルへの移行については、あまり多くは行ってきていません。

ＴＱＭは、スループットの重要性を認識し、何をしなければいけないのかについて、企業経営者の認識を変えてきました。ＴＱＭがなければ、顧客サービスや品質など、将来のスループットを増大させるために不可欠な要素が、今日のように重要視されることはなかったでしょう。

またＪＩＴがなければ、在庫はいまでも資産と見なされていたことでしょう。製造リードタイムを短縮することの重要性、バッチを小さくし、段取り時間を短くすることの重要性、トラブルが発生する前にこれを防止するメンテナンス作業を行うことの重要性などは認識されていなかったに違いありません。市場に対し、より迅速に対応するには何をしなければいけないのか、将来のスループットを増大させるためには何をしなければいけないのか、こうした問題は取締役会の議題にも取り上げられていなかったことでしょう。

しかし残念ながら、ＴＱＭとＪＩＴはともにスループットワールドの本質については認識が少々不足しています。私たちが相手にしているのは、従属変数で構成された環境です。そのような環境で求められるのは集中です。製品設計の仕様一つひとつにこだわる必要があるのでしょうか。すべての機械の段取り時間を短縮する必要があるのでしょうか。すべてのリソースに最高度の信頼性を求めることが必要なのでしょうか。これらは、どれもコストワールドに基づいた間違った認識です。

今日のその状況は、まったく恐ろしいばかりです。一方で、抜本的な変革がたくさん必要であることを認識していながら、他方では、これを導く集中プロセスが何もないのです。〝月末症候群〟だけでは物足りず、四半期ごとに〝新規改善プロジェクト〟もつけ足そうということなのでしょうか。

コスト会計はどうでしょうか。TQMにとってコスト会計は悩みの種でした。スループットを増大するための品質改善努力への投資が、コスト会計の基準をもって正当化されなければいけないのです。重要度でずっと勝るスループットが、それよりずっと劣るコストによって判断されなければいけないのです。そこで、TQMは、こうしたコスト会計による財務的評価尺度は脇へ追いやり〝品質最優先〟を掲げることにしたのです。

JITでも、基本的には同じことが行われました。〝カンバン方式〟（トヨタ生産方式）の生みの親である大野耐一氏にお会いした時、氏は、いかにコスト会計とずっと闘ってきたのかを私に説明してくれました。「工場から、コスト会計士を追い出すだけでは十分ではなかった。みんなの頭の中からコスト会計を一掃するのが大変だった」と彼は語っていました。

すべてがすべて重要なのではない、本当に重要なのは限られたごく一部分だけなのだ――このまったく新しい考え方がいったいどういう意味をなすのか、私たちは深く考察しなければいけません。

〝コストワールド〟から〝スループットワールド〟に切り替えることで、何が変わらなければいけないのでしょうか。しかし、その前にもう一つ未解決の大きな問題があります。会社のゴールが、現在そして将来にわたってお金を儲けることであるなら、財務的な評価尺度は欠かせません。これなしに前に進むことはできません。しかし、コスト会計と決別するということは、これまでさまざまな意思決定に用いてきた数値的な評価尺度とも決別することを意味します。財務的な評価尺度がなくなれば、非財務的な評価尺度につけ入る隙を与えることになります。実は、そうした動きがすでに始まっているのです。

残念ながら、JITはこの点をまったく無視しています。TQMはそれ以下で、非財務評価尺度を逆に奨励しています。覚えているでしょうか、組織を運営する礎の一つは、局所的な意思決定が組織全体の利益にどのような影響を及ぼすのか、その影響を判断する能力を持つことです。もし非財務評価尺度を三つも四つも用いて評価しようとすれば、たちまち管理不能となってしまいます。無政府状態と同じになってしまうのです。単純にリンゴとミカンとバナナは比較しようがありません。まして、それを利益に関連づけることなど絶対にできません。ゴールは、お金を儲けることです。評価尺度はすべて、金銭的に定義されたものでなければいけないのです。

コスト会計に従ったソリューションと決別することは、確かに非常に重要なことです。しかし、それだけでは問題の解決にはなりません。問題は依然存在したままです。どうしたら局所的な意思決定が組織全体へもたらす影響を測ることができるのでしょうか。例えば、新製品を立ち上げる計画をしているとして、どうすればこれを立ち上げるべきかどうか判断することができるのでしょうか。どうしたら、会社全体の利益への影響を判断することができるのでしょうか。

例えば、新製品の投入を計画しているとします。そして、すべてが余剰状態にあるとしましょう。市場も、顧客も、リソースもすべて余剰状態にあります。そのような状況の中で、新製品を販売したとしたら、他の製品の売上げにはどのような影響があるでしょうか。答えは、明白です。他の製品への影響はなにもありません。

では、業務費用への影響はどうでしょうか。この場合、やはり影響は何もありません。必要なリソースは余剰状態にあり、そのコストもすでに支払っているので業務費用が増えることはありません。では、新製品を投入することで、他へ影響が及ぼされるのはいったいどういう時でしょうか。市場や顧客、リソースなどが余剰状態にない時です。例えば、市場に空きがない状態で、新製品を立ち上げるとします。これまでと同じ顧客をターゲットに、既存の製品と同じニーズを狙った製品を販売するのです。この場合は、当然、既存の製品の売上げが減少するでしょう。

では、この新製品を生産するのに必要なリソースが十分なキャパシティを持たない場合はどうでしょう。この場合は、既存の製品の生産量を減らすか、あるいは設備投資と業務費用を増やしてリソースのキャパシティを増やすしか方法はありません。

要するに、本当に問題が生じるのは（新製品を投入することで他の製品に影響が生じるのは）、市場、顧客、リソースなど、何かが不足状態にある時だけなのです。不足状態にあるために、会社全体のパフォーマンスが制限されてしまうのです。このように不足状態にあるもののことを、私たちは**制約条件**と呼びます。

〝スループットワールド〟において、制約条件は非常に重要な役割を担っています。〝コストワールド〟において〝製品〟が果たしてきた役割に取って代わるのです。ということは、〝スループットワールド〟をさらに深く考察することで、もしかすると、コスト会計に代わる何かいい手段を見つけることができるかもしれません。

11　スループットワールドの意思決定プロセス

「すべてに集中しなさい」――しかし、実を言えば、これは何に対しても集中していないのと同じことなのです。フォーカシング、つまり集中するという行動は、自分に与えられた責任の範囲の中から、ある特定の一部分を選んで、その部分に対し自分の注意の多くを集めるという意味です。すべての部分に対し均等に注意を分散させていては、集中することはできません。つまり、フォーカシングなどあり得ないのです。

〝コストワールド〟においては、この注意を集中させるという行動は、実は非常に難しいのです。無理矢理やったとしても、やはりその範囲は大きくなってしまいます。しかし、スループットワールドでは異なります。最初のステップは何でしょうか。何に集中したらいいのでしょうか。答えは明白です。強度のいちばん弱い輪、つまり制約条件です。制約条件が会社全体のパフォーマンスを決定するからです。

となると、最初のステップはいったい何でしょうか。もう、おわかりだと思います。そうです。まず、最初にシステムの制約条件を見つけなければいけないのです。

では、制約条件を探してみましょう。しかし、本当に見つけることができるのでしょうか。見つかるという保証はあるのでしょうか。つまり、すべてのシステムには必ず制約条件が存在するのでしょうか。少なくとも一つはあるのでしょうか。もっとわかりやすい質問の仕方をしてみましょう。あなたは、これまでに制約条件のない会社を見たことがありますか。考えなくても直感的にすぐわかるはずです。いえ、そんな会社は見たことがないはずです。どのような鎖にも、いちばん弱い輪はあるはずです。もう少し具体的に考えてみましょう。もし制約条件が一つもない会社があるとしたら、いったいその会社はどんな会社でしょうか。会社のパフォーマンスを制限するものが何もない、そういうことになるはずです。そんな会社のパフォーマンスは、いったいどんなものでしょうか。純利益や投資利益率はどうなりますか。そうです、無限大のはずです。無限大に利益をあげている会社など、見たり聞いたりしたことがありますか。

結論は明らかです。どのようなシステムにも、制約条件は必ず一つはあります。しかし、無限大にあるわけではありません。一つのシステムに存在し得る制約条件の数は、現実にはそう多くはありません。このように、制約条件の理論（TOC）の集中プロセスの最初のステップは、直感を働かせればすぐにわかるのです。すなわち、

ステップ1　システムの制約条件を見つける

制約条件を見つけるには、その制約条件がシステム全体のパフォーマンスに対しどのような影響を及ぼしているのか、ある程度の認識がなければできません。さもなければ、どうでもいいようなこと

を制約条件と勘違いして、大騒ぎすることになりかねません。

では、制約条件が複数ある場合、それぞれの影響力の大きさによってこれらに優先順位をつける必要があるでしょうか。必ずしもそうとは言えません。それは、まずこの段階ではそれぞれの制約条件がどれほどのものか正確に判断することができないからです。第二に、制約条件の数が非常に限られているからです。本当に制約条件であれば、いずれ必ず対応しなければいけないことになるので、ここで無理して優先順位をつけて時間を無駄にするのはやめましょう。重要なのは、とにかく制約条件を見つけることです。

では、次のステップは何でしょうか。制約条件は見つかりました。何が足りないのか、どのリソースのキャパシティが不足しているのか、何によってシステム全体のパフォーマンスが制限されているのか、もうこれはわかっています。では、今度は見つけた制約条件をどう扱ったらいいのでしょうか。

直感的にまず思いつくのは、これらの制約条件をなくすことです。しかし、説明するまでもありませんが、制約条件をなくすにはたくさんの時間が必要です。例えば、制約条件が市場だとしましょう。この制約条件を取り除くには、時には何か月、いや何年もかかるかもしれません。制約条件が機械の場合はどうでしょう。新しい機械を購入して、キャパシティを増やそうと決めたとしましょう。しかし、機械が納入されるまで半年以上も時間がかかるかもしれません。その間、いったいどうしたらいいのでしょうか。ただ、じっと座って待っていればいいのでしょうか。二番めのステップとしては、あまり賢明な方法とは思えません。

制約条件であるということは、つまり不足しているということですから、まずは無駄にしない努力が大切です。できる限りのキャパシティを搾り出さなければいけません。最後の一滴まで無駄にはできません。つまり、TOCの二番めのステップは、

ステップ2　制約条件を徹底活用する

〝徹底活用する〟とは、単純に最大限を搾り出すことを意味しています。英語では exploit という単語を意図的に使っていますが、これには「搾取する、食い物にする」などといった若干否定的な意味合いが含まれています。それには、何がなんでも、最後の最後まで搾り出してやるといった決意が込められているのです。損失を出している会社に、仕事の保証などありません。損失を出している会社では、社長が何を言おうと、仕事が守られる保証は少しもないのです。制約条件はわかっています。会社全体のパフォーマンスを制限している制約条件です。従業員全員の仕事が守られるか否か、それはこの制約条件にかかっているのです。慈悲も何もありません。できる限りのキャパシティを制約条件から搾り出さなければいけないのです。

例えば、市場が制約条件になっているとしましょう。生産能力は十分にありますが、これを満たす注文がないのです。この場合、制約条件を徹底活用するとは、納期遵守率を一〇〇パーセントにすることを意味します。九九パーセントではダメです。一〇〇パーセントでなければいけません。市場が

制約条件ならば、少しも無駄にしてはいけないのです。

さて、制約条件をいかに徹底活用するかは決まりました。では、会社の残りのリソースにはどう対応したらいいのでしょうか。これらは定義上、非制約条件です。何もしないで放置しておけばいいのでしょうか。いや、それでは、近いうちに不具合が生じ、キャパシティが段々減っていって最後にはこれらのリソースが制約条件になってしまいます。これでは困ります。いったい、どのように対応したらいいのでしょうか。

答えは、直感的にわかるはずです。ステップ2では、制約条件を徹底的に活用することにしました。しかしそのためには、制約条件は常に働いていなければいけません。働くためには消費する何かが必要です。しかし非制約条件が、その何かを制約条件に供給しなければ、制約条件は働くことができません。では、制約条件にはどれだけの量を供給したらいいのでしょうか。制約条件が消費できる以上の量を供給しなければいけないのでしょうか。いえ、それは何の役にも立ちません。役に立たないどころか、害さえ及ぼします。ですから、非制約条件は制約条件が必要とする量だけを供給すればいいのです。それ以上は、供給する必要がありません。となると、ステップ3は以下のとおりになります。

ステップ3　制約条件以外のすべてを制約条件に従属させる

さて、これで現状にはとりあえず対応できました。しかし、これで終わりでしょうか。もちろん、違います。制約条件は神の御業ではありません。他にも何かできることはあるはずです。今度は、制約条件自体に手を加えるのです。キャパシティが足りなければ、キャパシティを足してあげればいいのです。とくれば、次のステップも直感的にわかるはずです。

ステップ４　制約条件の能力を高める

〝能力を高める〟とは、制限を取り除いてやるという意味です。ステップ2ではなく、ステップ4でこの作業を行うのです。制約条件があまりに大きすぎて困っているという声をよく耳にしますが、いざステップ2を実行し、利用できるものを最大限利用し無駄をなくしたら、実はキャパシティは十分あったといったこともよく見受けられます。ですから事を焦って、作業を下請けに出したり、派手な広告キャンペーンを行ったりするのは控えるべきでしょう。制約条件のキャパシティが明らかに不足している場合以外は、まずステップ2、ステップ3を実行して、それでも制約条件が解消されない時に初めてステップ4を実行するのです。

ステップ4を実行してキャパシティを高めるということは、実は会社を一歩前進させるということも意味しています。さあ、これで終わりでしょうか。それとも、ステップ5があるのでしょうか。その答えも直感的にわかるはずです。制約条件の能力を高めてやれば、つまり制約条件の足りないところをどんどん補ってやれば、やがて足りなかったものが十分補充されるはずです。つまり制約条件が解消されるのです。そして、会社のパフォーマンスは向上します。しかし、無限大に会社のパフォーマンスは向上するでしょうか。もちろん、そんなことはあり得ません。会社全体のパフォーマンスは、今度は何か別のものによって制限されます。つまり制約条件が他に移動するのです。となると、ステップ5は以下のとおりとなります。

ステップ5　制約条件が解消されたら、最初のステップに戻る

しかし、これがステップ5のすべてではありません。これには、ある注意事項をつけ足さなければいけません。非常に重要な注意事項です。制約条件は、会社の他のリソースすべての行動に影響を及ぼします。制約条件以外のすべては、制約条件の最大パフォーマンスに従属しなければいけないからです。ですから、この制約条件を基準として、社内にはさまざまなルールが設けられます。正式に規定されるルールもあれば、直感的に行われているものも少なくありません。しかし、その制約条件はいずれ解消されます。ですが多くの場合、わざわざこれらのルールを一つひとつ見直す作業は行いません。これまでの制約条件はなくなったのに、それを基準に設けられたルールはなくならずにそのまま残るのです。すると今度は、方針上の制約条件、つまり方針制約が生じます。となると、ステップ5は以下のように拡大定義する必要があります。

ステップ5　制約条件が解消されたら、最初のステップに戻る。しかし、惰性が次の制約条件にならないように注意する

これは、非常に重要なことです。どんなに強調しても、強調しすぎることはありません。これまで私はたくさんの会社を観察してきましたが、その中に、物理的な制約条件が実際に存在していた例はほとんどありません。ほとんどの場合は、方針制約なのです。市場制約が存在する会社も見たことがありません。マーケティングの方針が制約条件になっている会社はたくさん見てきました。キャパシティが本当に足りない、つまり真のボトルネックを持った会社は、実は滅多にないのです。しかし、製造やロジスティック上の方針制約を持つ会社はよく目にします。自著『ザ・ゴール』の中でも、私はこの例を取り上げています。熱処理炉のキャパシティは、本当に制約条件でしたか。アレックス・ロゴは新しい熱処理炉を購入しましたか。いいえ。彼は、製造とロジスティックスの方針を少し変更しただけです。すると、それまでどこかに隠されていたキャパシティがすぐに表へと飛び出してきたのです。

また多くの企業は、納入業者に問題の矛先を向けたりしますが、私が見てきた会社の中で本当に納入業者が制約条件であったことは、たったの二社だけです。逆に、自分たちの購買方針がひどかったために、これが制約条件になっていた例は何度か見たことがあります。

どうしてそんな馬鹿げた方針を用いているのかを調べるたびに（ほとんど考古学的な調査が必要な

こともしばしばあるのですが）、実はこれらの方針が三〇年も前に設けられた方針で、当時としてはまったく理に適った方針であったという事実がわかったりもするのです。しかし、その根拠となった理由や原因はとうになくなっているのに、方針だけが化石のように残っているのです。

ＴＯＣの５ステップ――直感だけでわかるこの集中プロセスには、実は何も目新しいことはありません。以前からみんな知っていたことなのです。まったく理に適っていることは誰の目にも明らかなのです。現実の世界の経験則に基づいた直感なのですから、当然のことです。現実の世界はスループットワールドなのです。しかし、企業マネジャーは、はたしてこの５ステップを実行しているのでしょうか。緊急事態が発生したような特別な場合には使っているかもしれませんが、それ以外の場合はどうでしょうか。みんな〝コストワールド〟で鍛えられ、あまりにそれに染まりきっているので、そこから抜け出すのはそう容易なことではありません。直感的な常識で考えれば明らかなのに、いざ行動するとなると、単純でわかりやすいスループットワールドの集中プロセスではなく、どうしてもコストワールドのやり方に従ってしまうのです。

12 足りない輪は何か

さて、ここまで長い時間をかけて、**新しい総合的な経営哲学**のいったい何が新しいのかについて考えてきたわけです。よくよく考えてみると、本題については一歩も前進していないように思われます。どのようにインフォメーション・システムを設計したらいいのか、これについてはまったく答えらしきものは見つかっていません。

では、回り道はここでやめにして、本題に戻りましょう。まずは、ある一つの質問から始めたいと思います。この質問を聞いたマネジャーの多くは、インフォメーションが不足しているからわからないと答えるに違いありません。さて、どんな質問でしょうか。

会社のゴールは、現在、そして将来にわたってより多くのお金を儲けることです。では、質問です。来四半期の純利益はどのくらいになるでしょうか。大切な質問だとは思いませんか。見積もりはダメです。正確な答えが欲しいのです。許される誤差は、プラスマイナス二セントくらいまででしょうか。答えることができますか。いいえ、答えるのに必要なインフォメーションが十分にありません。ふつうは、そんな答えが返ってくるでしょう。

いったい、どうして来四半期の純利益がどのくらいになるのか、正確に答えられないのでしょうか。理由はたくさんあります。例えば、販売予想がどれだけ確実なものかわからないからです。確実に入ってくるはずの注文が、実は確実でなかったりするのです。顧客は概して気まぐれで、注文をあとからキャンセルしたりするのです。どうしたらいいのでしょうか。彼らを訴えましょうか。

しかし、問題は何もマーケティングのインフォメーションだけに限りません。会社内部にもたくさんの問題があるのです。機械や装置が故障しないという保証はどこにもありません。いや、機械や装置は必ず故障するものです。保証します。問題はどの機械が、いつ、どのぐらいの期間、故障して使えなくなるかです。供給業者もまったく当てにはできません。納期どおりに納入できなかったり、量が間違っていることなどしょっちゅうです。時には、納入した部品が全部が欠陥品だったなどということもあるでしょう。従業員もそうです。彼らもまったく当てにはできません。すぐに会社を休んだりするのです。欠陥品も出ます。製造プロセスに原因があったり、従業員や工員が原因であったりするのです。製造現場の職長も当てにはできません。何をしなければならないかわかっているはずなのに、私たちが指示を出さなければいけないのです。挙げようと思えば、他にも理由はいくらでも挙げられます。これがインフォメーション不足ということなのでしょうか。私には、不平不満を列挙しているようにしか見えません。

・顧客が気まぐれ
・供給業者が当てにならない
・プロセスがいい加減

・機械が故障しやすい
・従業員がちゃんと訓練されていない
・経営幹部がしっかりしていない

このリストを眺めていると、一つ気になることがあります。人は言い訳をする時、だいたい同じような言い方をするものです。「あいつのせいだ。彼が悪い」などと、他人に責任を押しつけるのです。このリストを眺めて、何か共通することに気づきませんか。そうです。どれも他人に責任を押しつけている点です。顧客、供給業者、機械、従業員などです。自分はパーフェクトで、悪いのは他人なのです。しかし、本当にそうでしょうか。

質問に答えることができないのは、このリストに挙げられた理由が原因なのでしょうか。来四半期の純利益がどのくらいか、正確に答えることができないのは、これらが理由なのでしょうか。それとも、これらは単なる言い訳にすぎないのでしょうか。これは、非常に重要なことです。よく眺めてみると、このリストは、私たちの会社が行っている改善項目をまとめたものと同じなのです。

私たちは、販売予想の精度を高めようと一生懸命努力しています。顧客との関係改善のためにも大きな努力を払っています。業者には〝ベンダー・プログラム〟などと銘打って広範なプログラムも実施しています。機械については、故障を防止するメンテナンス作業を行ったり、新しい機械を購入して信頼度の向上を図っています。製造プロセスについては、従業員に対し統計的工程管理の手法を徹底的に訓練しています。他にもさまざまな努力を行っています。

もし、これが単なる言い訳のリストにすぎず、本当の理由でないとしたら、私たちは大きな問題を二つ抱えていることになります。まずは、インフォメーション不足を言い訳として使っていることです。インフォメーションが何なのか、定義が正しく定められていないから、インフォメーション不足などということになるのかもしれません。二つめの問題は、会社改善のために一生懸命、さまざまな努力が行われていますが、実はこれらの努力が間違った努力かもしれないということです。では、いったいどうすればこれを確かめることができるのでしょうか。

おそらくいちばんいい方法は、再度、ゲダンケン実験を試みてみることです。それでは、やってみましょう。では、私たちが現在行っている改善努力が、予想をはるかに超えて大成功したとします。リストに挙げられた問題一つひとつに取り組み、どれも大きな成果をあげたのです。問題はすべて解消され、工場にはもうどの問題も残っていません。パーフェクトな工場ができあがったのです。すべてが固定され、データはどれも正確です。さあ、これで求めていたインフォメーションは手に入ったでしょうか。来四半期の純利益がどれだけになるのか、正確に知ることができるでしょうか。

パーフェクトな工場と言いましたが、いったいどんな工場なのか、思い描いてみましょう。必要と思われるデータはすべて用意されています。この工場で製造する製品は、合理的な判断に基づいて二つと定められています。製品Pと、製品Qと呼ぶことにしましょう。いずれも非常に優れた製品で、これを製造する従業員もよく訓練されていて、製品の欠陥率は〇パーセントです。一〇〇万個に一個の欠陥もありません。

さて、これらの製品の販売価格ですが、いずれも完全に固定されています。一セントの変動もありません。顧客によって異なる販売価格を提供しなければいけないような必要もありません。顧客も了解しています。そんな状況を想像できますか。製品Ｐの販売価格は一個当たり九〇ドル、製品Ｑはもう少し高くて一〇〇ドルです。

販売予想はどうなるでしょうか。うれしいことに、販売予想は完璧なまでに正確です。もはや大雑把な見積もりではありません。そんな予想を〝マーケット・ポテンシャル〟、すなわち市場潜在販売量と呼ぶことにしましょう。製品Ｐのマーケット・ポテンシャルは週一〇〇個、製品Ｑのマーケット・ポテンシャルは週五〇個とします。さて、マーケット・ポテンシャルとは、いったいどういう意味でしょうか。どれだけの量を出荷できるのか、その約束数量でしょうか。いえ、違います。約束する必要などありません。出荷しようと思えば必ず出荷できる態勢ができあがっているのですから、約束する必要などないのです。これらの数字は、市場が購入してくれる数量を表しているのです。こちらが提供さえすれば、必ず売ることのできる数量です。しかし、製品Ｐのマーケット・ポテンシャルは週一〇〇個なのですから、一〇〇個以上製造すれば、もちろん売れ残りが生じます。

では次に、製造プロセスを眺めてみましょう。製品Ｐを製造するには、外部から購入した部品一つと、社内製造した部品二つを組み立てます。社内製造する部品はそれぞれ、外部調達した原材料を使って、異なる二つのプロセス（工程）を介してつくられます（図１参照）。

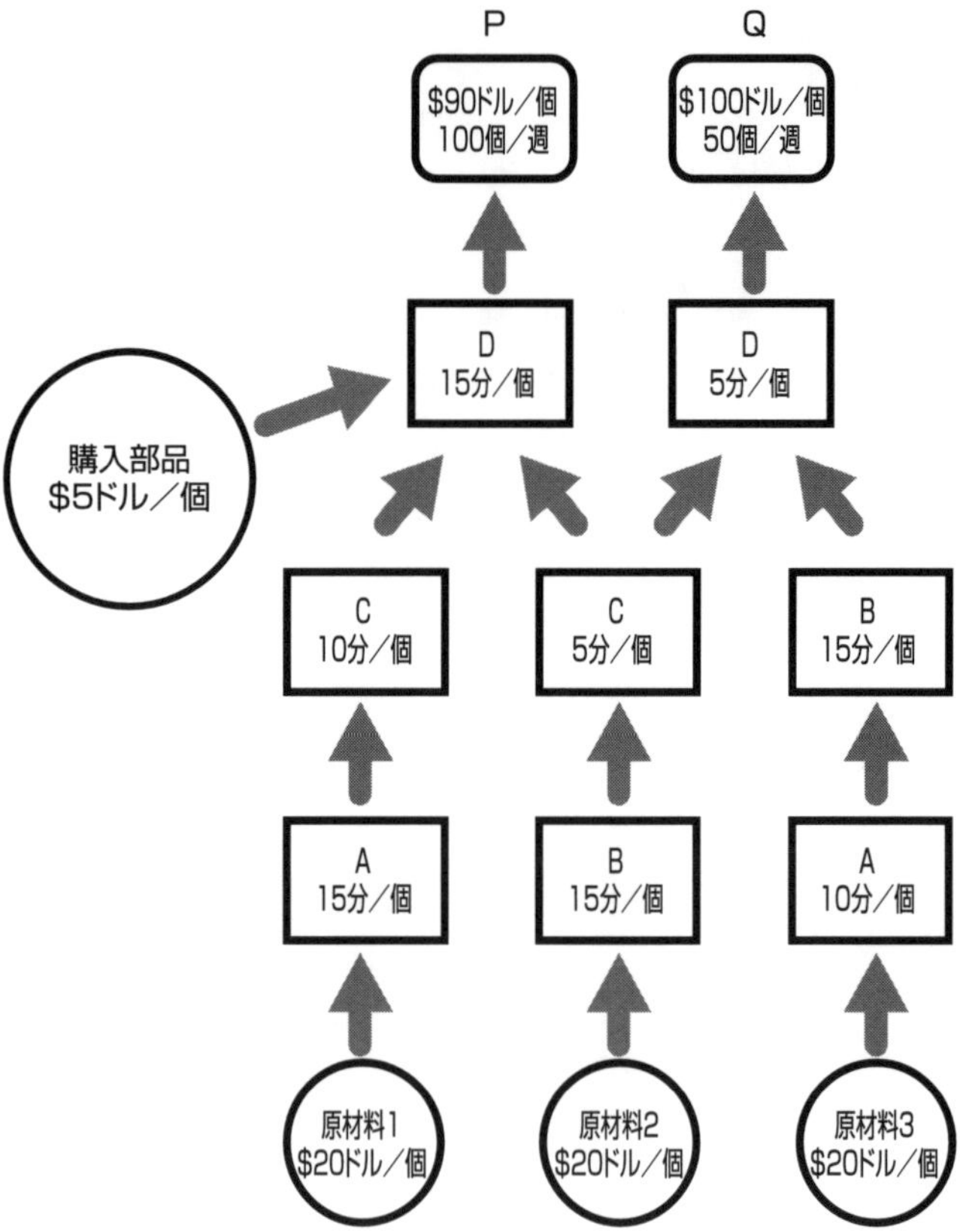

図1　不確実性がすべて取り払われた仮想の会社

このようなフローは、製造に限ったものではありません。製品設計やプロジェクト、さらには意思決定プロセスを考える場合にも当てはめることができます。どれも同じような図に表すことができるのです。しかし、ここであれもこれもと範囲を広げてしまうと、混乱が生じてしまうかもしれないので、ここでは状況を製造に限って話を進めましょう。しかし、だからといって、私たちが相手にしなければいけないのは製造だけと言っているわけではありません。〝目的達成のためにリソースを用いてタスクを遂行する〟という、一般的な状況を例を用いて説明しようとしているだけです。さて、そのためにはある程度の数値データが必要です。データが用意されれば、自ずからその状況も特定されてくるはずです。しかし、ここで説明するのは、あくまで例にすぎません。説明したいのはあくまで一般的な状況です。

では、外部から購入する部品の価格を仮に一個五ドル、社内製造する部品の原材料費はいずれも製品一個当たり二〇ドルとしましょう。では、さっそく一つめの原材料が部品製造に向けて、まず工程Aを通過します。Aは、特定の種類のエンジニアであったり、A地域の倉庫であったり、あるいはA地域の営業員、Aレベルのマネジャーだったり、さまざまな状況が考えられます。しかしこの実験の設定は製造なので、AはAという技術を持った工員ということにしましょう。そして、この工員が原材料を加工するには、一個当たり一五分かかるとしましょう。もちろん、この例の設定がプロセスであれば、一時間当たり何個、エンジニアリングであれば、何日あるいは何週間といった表示の仕方になるでしょう。状況の設定によって、その表し方は変わるのです。ここでは設定が製造なので、一個当たり何分という表示方法を用います。

次に、二つめの原材料の最初の工程ですが、これは別の工員によって行われます。Bという技術を持った別の工員で、彼が原材料を加工するのに要する時間はAと同じ一個当たり一五分です。さて、二つの部品の二番めの工程は、ともに同じ別の工員によって行われます。Cという技術を持った工員です。彼が一つめの部品を加工するのに要する時間は一個当たり一〇分ですが、二番めの部品には五分しかかかりません。ここで注意しなければいけないのは、工員Cが加工するのは、部品一つだけではないことです。彼は異なる二種類の部品を加工しなければいけないのです。いわゆるマルチパーパス（複数目的）の工員なのです。あなたの工場はどうですか。マルチパーパスのリソースはありますか。わかりませんか。では、質問の仕方を変えてみましょう。あなたの工場では段取りが行われていますか。もし行われているなら、マルチパーパスのリソースがあるということです。この例では、段取り時間はゼロです。パーフェクトな工場なので、段取り時間は〇秒にまで短縮されているのです。

次に組立てですが、これは工員Dによって行われます。彼が製品一個を組み立てるのに要する時間は、一五分です。これで、製品Pのデータは全部揃いました。では続いて、製品Qについて考えてみましょう。

製品Qは、部品二つで構成されます。この工場では、設計する部品の数を最小限にとどめるために、異なる製品間で技術の共有を図っています。そこで製品Qには、製品Pに用いられている二つめの部品と、もう一つ別に社内製造される部品とが用いられます。この三つめの部品も、異なる二つの工程を介してつくられます（図1参照）。ということは、二つめの部品は、製品P、製品Q共通の部品ということになります。実際にもよくあるケースです。さて、ここで状況をよく考えてみましょう。製品P、製品Qそれぞれを一個ずつつくるには、二番めの部品が二つ要ることになります。重要なポイントです。なぜ、重要なのでしょうか。例えば、この図を設計に当てはめて考えてみてください。二番めの部品は、製品P、製品Qという異なる二つの製品で必要とされるのに、設計は一つだけで済むからです。要するに、同じフローチャートでも、それぞれの環境、設定によって解釈の仕方が変わってくるのです。

では、データを完成させましょう。三番めの部品の原材料の購入価格は、他の二つの部品と同じ一個当たり二〇ドルです。この部品の最初の工程は、先ほどと同じ工員Aによって行われます（この工場では、工員が異なる複数の作業をこなせるようクロストレーニングに力を入れています）。彼が三つめの部品の加工に要する時間は、一個当たり一〇分です。二番めの工程は、工員Bによって行われます。二つめの部品の最初の工程を担当しているのと同じ工員です。彼が一個当たりの加工に要する時間は、二つめの部品と同じ一五分です。組立ては、同じ組立工員Dによって行われますが、製品Q一個を組み立てるのに必要な時間は五分です。

さて、話をまとめてみましょう。この工場には、異なる技術を持った四人の工員A、B、C、Dがいます。一人の工員ができるだけ多くの作業を担当できるように、クロストレーニングに力を入れていますが、それでも四つの異なるリソースが必要です。いくら頑張ったとしても、みんなが一人ですべての作業をこなせるようになることはありません。旋盤を使って溶接の仕事をすることなどできるでしょうか。たとえこれはできたとしても、主任エンジニアに別の部門の床を掃かせるようなことは絶対に無理でしょう。つまり理想的な工場においても、やはり異なる別々の技術が複数必要とされるのです。他の仕事もこなす余裕のある者は、すでにもう全員クロストレーニングを受けています。一つの技術で、すべての作業をこなそうなどとは考えないでください。

さて、それでは質問です。A、B、C、Dそれぞれの技術をもった工員は、いったい何人ずついるでしょうか。少しいじわるな質問ですね。Aの技術を持った工員は朝の第一シフトに一七人、第二シフトに一二人、でも土曜日は工員Bの数をあと二七・九四五パーセント増強できれば……などという細かいことを訊いているのではありません。ここでは、いちばんシンプルな場合を考えてみましょう。技術A、B、C、Dを持った工員はそれぞれ一人ずつしかおらず、相互に作業を交代することはできないとします。BがAの仕事をしたり、逆にAがBの仕事をしたりはできません。

それぞれの工員はいったいどれだけの時間働くことができるでしょうか。ここもまたいちばん単純な例を考えてみましょう。それぞれの工員は週五日、一日八時間、一時間六〇分労働できるとします。週二四〇〇分です。彼らに休みはありません。仕事中は、トイレにも行きません。

さて、これで必要なデータは全部揃いましたか。何か足りないものはありませんか。そうです、業務費用です。では、仮にこの工場の一週間当たりの業務費用を合計六〇〇〇ドルとしましょう。ところで、業務費用とはいったい何でしたか。もう一度思い出してみましょう。業務費用とは、工員たちの賃金や付加給付、職長、営業員、経営幹部の給料、それから光熱費や銀行利子などが含まれます。これらすべてが六〇〇〇ドルに含まれるのです。では、逆に業務費用に含まれないものには、どのようなものがあるでしょうか。

業務費用に含まれないのは、外部の業者から原材料や部品を購入した場合に支払われるお金です。これらのお金は業務費用ではなく、在庫です。会社が何かを販売するには、そのもとになる材料を購入しなくてはいけません。では、いったいどのくらい支払わなければいけないのでしょう。それは購入する量によります。原材料それぞれの製品一個当たりの価格はすでにわかっています。業務費用の六〇〇〇ドルに加えてこれらのコストが必要となるのです。

さて、これで全部揃いました。どの数字も正確です。言い訳は許されません。では、本題の質問を繰り返してみましょう。でも、少し待ってください。与えられたデータはどれも週単位の数字なので、ここは質問の仕方も少し変えてみましょう――「この会社が一週間に得ることのできる最大純利益(または最小損失)はいくらでしょうか」。データはすべて用意され、すべて正確です。これで必要なインフォメーションは揃ったはずです。では、質問を繰り返します。この会社が一週間に得ることのできる最大純利益はいくらでしょう。

さあ、どうでしょう。答えはわかりましたか。先に進む前に、ここは、ぜひじっくり時間をかけて自分で考えてみてください。私たちが直感的にインフォメーションと呼んでいるものがいったい何なのか、新しい側面が見えてくるはずです。世間一般でインフォメーションという言葉が使われる場合の意味合いとはずいぶん異なることが理解できるはずです。

13 より多くのお金を儲けるために

ここ二年ほどの間に、私は一万人以上のマネジャーに、前章の問題（一週間当たりの最大純利益はいくらか：以後「クイズ」と呼びます）を質問してきました。しかし、驚いたことに、正しく答えることができたのは、平均して一〇〇人に一人程度しかいなかったのです。これはまったく由々しきことです。正解率が低かっただけではありません。このクイズに対する彼らのアプローチの仕方にも問題がありました。

彼らのアプローチは非常にシステマティックです。まずは、純利益の定義（スループット－業務費用）に従って、スループットを計算するのです。では、実際に彼らがどのように計算するのか、順を追って説明してみましょう。

スループットは、製品を販売することで得られます。では、製品Ｐから始めてみましょう。一週間当たりの製品Ｐの販売数量はいくつですか。一〇〇個です。そして一個当たりの販売価格は九〇ドルです。この二つの数字を掛ければ、一週間当たりの売上高がわかります。スループットではありません。スループットを求めるには、販売価格から原材料費を引かなければいけません。製品Ｐの一個当たりの原材料費は四五ドルです。ですから、製品Ｐのスループットは以下のとおりです。

P：100個×（$90－$45）＝$4500

では、同じように製品Qのスループットも求めてみましょう。一週間の販売個数は五〇個。一個当たりの販売価格は一〇〇ドル、原材料費は四〇ドルなので、製品Qのスループットは以下のとおりです。

Q：50個×（$100－$40）＝$3000

会社全体のスループットは、それぞれの製品のスループットを合計して求められます。ですから、製品Pと製品Qを合計して七五〇〇ドルとなります。しかし、これは純利益ではありません。純利益（NP＝Net Profit）を求めるには、これからさらに業務費用六〇〇〇ドルを引かなければいけません。ですから、一週間当たりの純利益は次のとおりになります。

NP＝$7500－$6000＝$1500

非常に単純明快です。しかし、実はこれが大間違いなのです。ほとんどのマネジャーがこれと同じ答えを出すのには、まったく驚かされます。これまでのやり方が体にしみついていて、直感に頼ることを忘れてしまっているのです。思い出してください。いちばん最初のステップは何でしたか。そう、「システムの制約条件を見つける」でした。システムの制約条件を見つけずに、いくら計算しても、むなしい努力でしかないのです。

先の計算では、市場が唯一の制約条件であると仮定しています。なぜ、そう仮定するのですか。もしかしたら、社内にも制約条件があるかもしれません。このクイズの場合は、間違いなくあります。社内に制約条件が必ず存在しているはずです。もしかすると、もう気づいているかもしれませんが、しかしここは慌てず、ステップを一つずつ確実にクリアしていきましょう。この場合は、用意された数字、データを使って制約条件を探してみましょう。しかし、気をつけてください。現実においては、データがまったく頼りにならないことが往々にしてあります。

ＭＲＰ（資材所要量計画）の専門家なら、部品一つの加工時間を調べるには、エンジニアではなく、現場の職長に訊いたほうがいいことぐらい誰でもわかっています。しかし、もちろん職長の言うことを全面的に信用することはできません。三〇パーセントぐらいはごまかしが入っていると思ったほうが無難です。しかし、誰に都合がいいようにごまかしているかは容易に想像できます。これがエンジニアとなるとやっかいです。ごまかしは二〇〇パーセント、しかしどっちの方向にごまかしているのか、これがまったく見当がつかないのです。インフォメーション・システムたるもの、インフォメーションを引き出すためにどのデータが必要なのか、膨大な量のデータの中からわずかばかりのデータを選び出さなければいけません。しかし、こうして選び出されたデータは注意深く確認する必要があります。でなければ、すべてのデータを一つひとつ有効かどうか調べないといけなくなってしまいます。すでに多くの企業が気づいていることですが、それはとうてい無理なことです。ここ二〇年の間に、多くの時間と労力を費やして、ようやく気づいたことなのです。その知識を無駄にしてはいけません。

しかし、この実験ではデータがすべて正確だと仮定しているので、このまま先に進みます。私たちが知りたいのは、社内に物理的な制約条件があるかどうかです。もしかすると物理的な制約条件だけではなく、他の種類の制約、つまり方針制約もあるかもしれません。しかし、それはこのデータからは見つけることができません。方針制約を見つけるには、科学的な問題認識手法(〝結果—原因—結果〟の手法)が必要です。つまり、方針制約はインフォメーション・システムの範疇外なのです。ですから、インフォメーション・システムの観点からは、方針制約は存在しないと大胆に仮定して作業を進めなくてはいけません。

では、社内の物理的な制約条件を見つけるにはどうしたらいいのでしょうか。単純に、リソースごとの予想負荷を計算して、それぞれのキャパシティと比較すればいいのです。例えばリソースAですが、製品Pによって課される負荷は、一週間当たり〝一〇〇個×一五分〟で一五〇〇分です。これに製品Qによる負荷〝五〇個×一〇分〟の五〇〇分が加算され、合計で一週間当たり二〇〇〇分となります。リソースAの一週間当たりのキャパシティは二四〇〇分なので、問題はありません。

次は、リソースBです。製品Pによる一週間当たりの負荷は〝一〇〇個×一五分〟で一五〇〇分。

製品Qによる負荷は〝五〇個×三〇分〟です。工程が二つあるにもかかわらず、三〇分なのは、段取り時間をゼロと仮定しているからです。すなわち、製品Pによる負荷は一週間当たり合計三〇〇〇分となり、キャパシティの二四〇〇分をはるかに超えてしまいます。つまり、このリソースは間違いなく制約条件ということです。

同じ計算をリソースCとDにも行ってみると、どちらも一週間当たりの負荷は一七五〇分なので、こちらは問題ありません。つまり制約条件はBだけで、虫に刺された親指のようにそこだけが腫れ上がっているのです。現実も同じです。ボトルネックがあると、そこだけが膨れ上がるのです。

さて、ここで考えなければいけません。市場の需要全部を満たせないことは明白です。リソースBに十分なキャパシティがないからです。となると、製品P、製品Qそれぞれをどれだけの数量をつくって市場に提供すべきか、決めなければいけないのです。この実験でここまで辿り着いたマネジャーたちのほとんどは、たいてい次のように考えます。「市場全体の需要を満たすことはできない。だったら、いちばん儲かる製品をつくって売ればいい。それでもまだキャパシティに余裕があれば、他の製品もつくればいい」。

いいでしょう。それでは、いちばん儲かる製品はどれでしょう。いくつか異なる角度から、考えてみましょう。まず販売価格を見てみましょう。製品Pは一個九〇ドルで、製品Qは一〇〇ドルです。販売価格だけで考えるなら、どちらを選びますか。当然、製品Qです。

次は、原材料を見てみましょう。製品Pの原材料費は一個当たり四五ドル、製品Qは四〇ドルです。

原材料費だけを考えたら、どちらの製品を選びますか。答えは、先ほどと同じ製品Qです。

スループットで考えてみることもできます。スループットは「販売価格－原材料費」ですが、これを用いても同じ答えに行き着きます。製品Pのスループットは四五ドル、製品Qのスループットは六〇ドルです。

これら以外にも、考慮すべきことはまだあります。例えば、製品一個をつくるために必要とされる時間です。製品P一個をつくるのに必要とされる時間は以下のとおりです。

15＋15＋10＋5＋15＝60分

製品Qの場合は、以下のとおりです。

15＋10＋5＋15＋5＝50分

製造にかかる時間を考えた場合は、どちらの製品を販売すべきですか。これも答えは同じで、製品Qです。さて、ここまでどの角度から見ても、答えはすべて同じでした。そうであるなら、たとえどのようなコスト・システムで、どのような間接費配賦率を用いていたとしても、答えは同じになると考えられるはずです。製品Qのほうが、明らかに製品Pより儲かるはずです。

これを目安として、今度は純利益を計算してみましょう。まずは、製品Qを市場に提供します。一週間当たりに販売できる個数は五〇個です。これらの製品をつくるのに制約条件（リソースB）で必要とされる時間は、一個当たり三〇分です。一週間では五〇個、合計一五〇〇分となります。つまり、製品Pに残される時間はわずか九〇〇分ということになります。九〇〇分で製品Pは、いったい何個つくることができるでしょうか。製品P一個をつくるのにリソースBで必要とされる時間は一五分です。ということは、製品Pは一週間当たり六〇個しかつくって販売することができません。しかし、市場の需要は一週間当たり一〇〇個です。でも、六〇個以上はつくることができません。キャパシティが足りないのですから、どうしようもないのです。

つまり、最適なプロダクトミックスは、製品Qが一週間当たり五〇個、製品Pが六〇個ということになります。製品Qのスループットは五〇個×六〇ドルで三〇〇〇ドル、製品Pは六〇個×四五ドルで二七〇〇ドル。合計して、一週間当たりのスループットは五七〇〇ドルとなります。これから業務費用の六〇〇〇ドルを引くと……。おや、これだと一週間当たり三〇〇ドルの赤字となってしまいます。さて、どうしましょう。こんな隙をついて、日本企業が市場に参入してくるのです。そして……。

一週間当たり一五〇〇ドルの純利益を約束していたのに、実際には三〇〇ドルの赤字——これではマネジャーのクビが飛ぶまでに、そう長い時間はかからないはずです。制約条件を無視しようが無視しまいが、それは私たちの勝手です。しかし制約条件のほうは、私たちのことを決して見逃してはくれないのです。

しかし、少し待ってください。いまの計算は〝スループットワールド〟の考え方と少し矛盾してはいませんか。制約条件を考えれば、それで十分というわけではありません。〝コストワールド〟的な発想を取り払わなければいけません。きっと気づかれていることと思いますが、いまの計算は、〝製品利益〟（プロダクト・プロフィット）という誤った概念を用いています。スループットワールドには、製品利益などというものは存在しないのです。存在するのは、会社の利益だけです。

それでは、もう一度やってみましょう。純利益は、どのように計算したらよいのでしょうか。TOCの5ステップに従えばいいのです。では、二番めのステップは何だったでしょうか。そうです、**〝制約条件を徹底活用する〟**でした。では、ここでは何を徹底活用しなければいけないのですか。工員の作業時間です。どうしてですか。A、C、Dの時間が足りないからですか。いいえ、違います。では、なぜこのような計算をするのでしょうか。それは、リソースBのキャパシティが足りないからです。

では、制約条件を徹底活用するとは、いったいどういう意味でしょうか。〝いつも休まずに働かせる〟という意味ではありません。いいでしょうか、企業のゴールは従業員を働かせることではありません。現在、そして将来にわたってより多くのお金を儲けることです。私たちが行おうとしているのは、私たちを制限している要因、つまり制約条件から、最大限のお金を得ることです。製品Pを一個販売するごとに、市場は会社の努力に対して四五ドルを支払ってくれます。あとの四五ドル（販売価格90ドル－45ドル）は、原材料を供給してくれる業者の努力に対して支払われます。では、この四五ドルのスループット・ダラー（throughput dollar）を得るために、制約条件のキャパシティをどれだけ（何分）稼働しなければいけないのでしょうか。一五分です。Bのキャパシティを一五分稼働しなければいけないのです。つまり、製品Pを市場に提供することによって、私たちは制約条件一分当たり三スループット・ダラー（45ドル÷15分）を得ることができるのです。

製品Qの場合はどうでしょうか。Qを市場に提供することによって、会社は製品一個当たり六〇スループット・ダラーを得ることができます。しかし、そのために制約条件のキャパシティを三〇分稼働しなければいけません。つまり製品Qを市場に提供することで、会社が得られるスループットは、制約条件一分当たりたったの二ドル（60ドル÷30分）ということになります。いいですか、いま計算した制約条件一分当たり三ドルとか二ドルというのは、コストとは一切関係ありません。スループットの金額です。これらの数字を考慮し、また制約条件を徹底活用しなければいけないということに納得したうえで、もう一度考えてみましょう。私たちは、いったいどちらの製品を製造、販売すべきでしょうか。そう、製品Pです。コスト・システムの解答とはまったく正反対の答えになるのです。

いったい、どちらが正しいのでしょうか。コスト・システムでしょうか。それとも常識に頼った直感でしょうか。それを判定できるのは唯一、利益だけです。では、直感に頼った場合、どれだけの利益が得られるのか、さっそく計算してみましょう。まずは製品Pを製造して販売するのです。一週間に販売することのできる製品Pの個数はいくつですか。一〇〇個です。その場合、制約条件は何分稼働させる必要がありますか。一五〇〇分です。ということは、製品Qの製造には九〇〇分しか残されていないことになります。製品Q一個をつくるのに制約条件を三〇分使います。ということは、残りの九〇〇分でつくることのできる製品Qの個数は三〇個ということになります。すなわち、この場合のプロダクトミックスは、一週間当たり製品Pが一〇〇個、製品Qが三〇個ということになります。

しかし、これはいったいどういうことでしょうか。この数字がいったい何を意味しているのか、よく考えてください。要は、利益の高いはずの製品Qを後回しにして、利益が少ない製品Pを優先すべきだというのです。そして、製品Pをつくって制約条件にキャパシティがまだ残っていれば、それを使って製品Qをつくればいいと言っているのです。そんなことを言うマネジャーが果たしているでしょうか。そんなマネジャーの将来に昇進の望みはあるのでしょうか。でも、安心してください。これはあくまでクイズ、実験です。では、そのまま先に進みましょう。

製品Pがもたらすのは、一週間当たり一〇〇個×四五ドルで四五〇〇スループット・ダラー、製品Qは三〇個×六〇ドルで一八〇〇スループット・ダラーです。となると、会社全体の一週間当たりのスループットは、この二つを合計して六三〇〇スループット・ダラーとなります。これから一週間当たりの業務費用六〇〇〇ドルを引いて、この会社の一週間当たりの純利益はプラスの三〇〇ドルということになります。

さて、この結果に影響を受けるのはどんな人たちですか。株主、経営陣、財務経理部門は言うまでもありません。他にはどうですか。製造はどうですか。いえ、彼らには影響はまったくありません。大きな影響を受けるのは営業です。考えてみてください。いまはどちらの製品のセールス・コミッションのほうが多いでしょうか。製品Qです。従来のコスト・システムによれば、製品Qのほうが儲かるからです。もし製品Qのほうがコミッションが多ければ、営業マンたちはどちらの製品を多く売ろうとするでしょうか。製品Qです。そして営業マンが製品Qの販売契約を顧客と交わしてから、実は製品Pを売ったほうが利益は大きいと気づくのです。しかし、もう時すでに遅しです。販売契約を交わした製品は顧客に納入しなければいけません。

製造の人間にとっては、どちらをつくろうと関係はありません。どちらであっても工員Bはフル稼働しなければいけません。では、先ほどの計算はいったい何を意味しているのでしょうか。より多くのお金を儲けるためには、営業マンのセールス・コミッション体系を抜本的に見直さなければいけないことを意味しているのです。これが、〝従属〟です。取り組んだのは製造の問題なのに、他の部門がその影響を大きく受けるのです。この実験では、営業が大きな影響を受ける結果となりました。

これは〝コストワールド〟と〝スループットワールド〟の違いのほんの一例です。それでは、また話を本題に戻しましょう。

14 データとインフォメーションの違いを明確にする

私たちが求めているインフォメーションは何でしたか。純利益です。どのくらいの純利益が得られるのかが知りたかったのです。それを知るには、ある決定を下さなければいけませんでした。プロダクトミックスです。製品P、Qをそれぞれどれだけ市場に供給するのかを決めなければいけませんでした。そのためには会社の制約条件を見つけなければいけませんでした。この制約条件を見つけるというステップだけが、製品一個当たりの加工時間、リソースのキャパシティ、販売予想などといった、これまで私たちがデータと呼んでいた情報に依存しているのです。こうして〝鎖〟がその姿を見せはじめるのです。一つひとつの輪が、見る立場によって、データであったり、インフォメーションであったりするのです。

もう少しわかりやすく説明しましょう。この本の最初の質問を覚えていますか。「データとは何か、インフォメーションとは何か」でした。この問いに対してどのように説明したか覚えていますか。「倉庫の保管物の内容はデータ。しかし顧客から緊急な要求があって、これに迅速に応えなければいけない者にとっては、同じデータがインフォメーションにもなる」と説明しました。同じ文字列でも状況によっては、データにも、インフォメーションにもなり得ることはもうわかっています。しかし、どうやらそれだけではなさそうです。**データとインフォメーションの関係**は、実は考えているよりもっと深いのです。

もう少し注意して観察してみましょう。「リソースBは制約条件」――これはデータでしょうか、あるいはインフォメーションでしょうか。製造マネジャーにとっては、間違いなくインフォメーションです。「どのリソースに注意を集中すべきか」という、彼の問いに答えてくれるからです。しかし、営業マネジャーにとっては、これは単なるデータでしかありません。彼が知りたいのは、どの製品を市場に対し優先的に投入すべきかです。最適なプロダクトミックス（「まず製品Pを優先的につくり、そのあとから製品Qをつくる」）は、営業マネジャーにとって明らかにインフォメーションです。しかし、考えてみてください。Bが制約条件であることを知らずに、それを導き出せるでしょうか。いえ、できません。つまり「Bが制約条件である」というデータは、あるマネジャーにとってはインフォメーション、また別のあるマネジャーにとっては必要データという具合に、鎖の輪の役割を果たすのです。

他にも輪はあります。例えば、この会社のトップがいちばん知りたいのは、「どれだけ純利益をあげることができるのか」です。答えは「三〇〇ドル」です。これは、彼にとってはインフォメーションです。しかし、「製品Qより、製品Pを優先的につくるべき」というのは、彼にとってはデータでしかなく、インフォメーションではないのです。

ということは、インフォメーションとは質問に答えるために必要とされるデータではなく、答えそのものではないのでしょうか。そしてデータとは、質問に答えるために必要とされる文字列ということではないのでしょうか。思い出してください。第1章では、データを「物事や事象などを説明、描写する文字列すべて」と定義しました。しかし、どうやら〝データ〟と〝必要データ〟の違いをもう少しはっきりとさせる必要がありそうです。これは、重要なことです。ここで、しっかりと基本的な定義を定めておくことができなければ、議論全体が、後あと大きな混乱に陥りかねません。それでは、これらの定義を見直してみましょう。今度は、もう少しわかりやすい日常的な状況、つまり直感を働かせやすい状況を想定して考えてみましょう。いまのインフォメーションとデータの正式な定義が、直感的に納得できるものかどうか確かめてみるのです。

では、想像してみてください。あなたが秘書に質問したとします。「今日、アトランタまで行くんだけど、いちばんいい方法は何かな」と訊くと、おそらく「何時何分のこのフライトで行くのがいちばんです」などといった答えが返ってくるでしょう。これは、当然、インフォメーションと呼んでいいと思います。たとえ、そのフライトがアトランタまで飛んでいないとしても、インフォメーションと呼んで構わないと思います。単に間違ったインフォメーションだからです。しかし、そんなはっきりとした答えの代わりに、たくさんのフライトが掲載されているスケジュール表を手渡されたとしたらどうでしょう。受け取ったのはインフォメーションではなく、データです。しかし秘書にとっては、同じスケジュール表がインフォメーションなのです。彼女に対する問いは「アトランタへの飛んでいるフライトは」だからです。このような単純な場合でも、何がデータで、何がインフォメーションかは、当事者に対し何が問われていかによるのです。ある状況ではインフォメーションであっても、別の状況においては単なるデータであったりするのです。

では、手渡されたフライトのスケジュール表が古いものだったらどうでしょうか。これもまたデータです。間違ったデータと呼んではいけません。いいでしょうか、データとは物事や事象などを説明、描写する文字列すべてです。しかしそうであれば、〝データ〟とは別に〝必要データ〟という表現をもう一つ別に用意しておいたほうがよさそうです。だとすれば、先ほどの定義も直感的に受け入れることができるのです。

本書の冒頭で「何がデータで、何がインフォメーションかは、それを用いる人による」と述べましたが、その定義の有効性がいまならもっとよくわかっていただけると思います。しかし、これだけのことを理解するのに、〝新しい経営哲学〟をこれだけ時間をかけて分析、考察する必要がはたしてあったのでしょうか。答えはイエスです。インフォメーションを「問われている質問に対する答え」と定義するということは、すなわち、インフォメーションを導き出すには、必ず意思決定プロセスが介在しなければいけないことを意味しているからです。〝必要データ〟はその意思決定プロセスに対するインプットであり、〝インフォメーション〟がそのアウトプット、そしてインフォメーションシステムには意思決定プロセス自体が組み込まれていなければいけないのです。ですから、これまでの論議は決して無駄ではないのです。新たに意思決定プロセスを定義することに費やしてきた時間は、決して無駄な努力ではなかったのです。

ここで、注意していただきたいことがあります。いまの説明の中に、実は非常に重要なキーワードが一つ隠されているのです。これを見逃してはいけません。インフォメーションは階層的に構築される、つまり、インフォメーションはそれぞれの段階においてデータから導き出されるという結論に至ったわけですが、その**導き出す**という言葉が実はキーワードなのです。**導き出す**という表現は、すなわち、インフォメーションを得るためには、データ以外にも何か別のものが必要だということを表しています。それは、何でしょうか。導き出すためのプロセス、あるいはこれまで用いてきた表現を使えば、意思決定プロセスが必要なのです。

さて、第12章のクイズに戻りますが、このクイズではっきり示されているのは何でしょうか。必要とされるデータはすべて用意されています。しかし、そこから必要なインフォメーション、つまり純利益がどれだけになるのか、その答えは導き出すことができませんでした。それどころか、間違った答えに導かれてしまいました。

インフォメーションを得るには、二つの条件が満たさなければいけません。一つは、もちろんデータです。しかし実は意思決定プロセスも、これに劣らず重要なのです。適切な意思決定プロセスなしに、データから必要なインフォメーションを導き出すことなど不可能だからです。これまでの私たちは、コストワールドにどっぷりと浸かってきました。しかし、その意思決定プロセスはまったく不適切なものでした。そのために、私たちは必要なインフォメーションを得られずにいたのです。

そのフラストレーションがゆえに、私たちはさまざまな努力を試みてきました。しかし、どれも間違った方向での努力だったのです。適切な意思決定プロセスを模索する代わりに、より多くのデータを収集することに走り、集めたデータが役に立たないとわかると、さらにまたより多くのデータを求めるといったことを繰り返したのです。だからこそ、インフォメーション・システムには詳細な意思決定手順、すなわち包括的な意思決定プロセスがなくてはならないのです。

その包括的な意思決定プロセスを提供してくれるのが、**集中プロセスの5ステップ**なのです。基本的なデータから始めて、システムの制約条件を見つけ出し、そして戦術的な判断を導き出す。そして、最終的に純利益がどれだけになるのか、インフォメーションを求める。つまり、インフォメーションの梯子を上ることが可能になるのです。

みなさんの中には、きっと首を傾げている人もいると思います。たった一つの例を示しただけで、ためらいもなく、まるで世界の問題全部を解消せんばかりの結論をぶちまけている――きっとそう思っておられるに違いありません。しかし、これらの結論は、例から導き出されたわけではありません。みなさんの常識的な直感をもとにした**集中プロセスの5ステップ**から直接導き出されたのです。例はあくまで、それをわかりやすく説明するために用いたにすぎません。それでも納得いかないというのであれば、他にも例はいくらでもあります。

しかし、ここで気をつけなければいけないのは、集中プロセスの5ステップだけでは十分ではないということです。インフォメーションの梯子を上っていくには、5ステップをもとに詳細な手順をつくり上げなければいけないのです。例えば、5ステップの二番めのステップ〝**制約条件を徹底活用する**〟という概念ですが、これは実はそうたやすいことではありません。〝スループット・ダラー〟に従って、適切なプロダクトミックスを決めるという作業自体は実にシンプルですが、しかしその方法を見つけるのは、そう簡単ではありません。それに私たちが例として用いた方法が、どんな状況にも適用できる汎用的な方法かというと、そうではありません。そんなことはわかっています。つまり、適切なプロダクトミックスを決める探求はまだ終わっていないのです。

では、**集中プロセスの5ステップ**が戦術面で他にどのような影響を及ぼすのか、また集中プロセスの5ステップに基づいた意思決定手順が、どこまでの範囲をカバーするのかをさらに考える前に、今度はデータについて少し考えてみたいと思います。これまで長い間、私たちは、できるだけ多くのデータを集めることによって、インフォメーションを得ようと必死になってきました。おそらく、多分に行きすぎていたと思われます。どれだけのデータが本当に必要なのか、データの精度を上げるためにどれだけ努力しなければいけないのか、その考え方に誇張があったのではないでしょうか。

例のクイズを思い出してください。確かにデータは必要でした。ですが、データのすべてが必要だったわけではありません。考えてみてください。リソース一つひとつの〝一時間当たりのコスト〟を知っている必要が本当にありましたか。今日、私たちはこうしたデータ一つひとつをできるだけ正確に集めようと相当の時間と労力を費やしています。しかし、何のためでしょうか。経費を管理するためには、従業員の給料や付加給付など、それぞれの項目にどれだけのお金を使っているのか知っている必要があります。しかし、〝一時間当たりコスト〟はどうでしょう。〝一時間当たりコスト〟は、**コストワールドの決定プロセス**においては中間的な輪として、必要と見なされていましたが、新しい意思決定プロセスにおいて、まったく余分なステップでしかないのです。こうした時代錯誤な考えが、いったいあとどれだけ存在しているのでしょうか。私たちは、注意してこうした無駄をすべて取り除かなければいけません。

それでは、もう一度、ここまでの結論を振り返ってみましょう。非常に重要な結論です。

インフォメーションは、階層的な構造でできています。その中で、一つのインフォメーション・レベルから一つ上のインフォメーション・レベルへと階層を上っていくために必要なのが意思決定プロセスです。そのため、意思決定プロセスに変更が生じた場合は、特定のインフォメーション・レベル全体がまったく無用になってしまうこともあり得るのです。データとインフォメーションの間の輪や、上層レベルのインフォメーションを引き出すために下層のデータから引き出された中間のインフォメーションが、意思決定プロセスが変更になったとたん突然、まったく不必要となってしまうかもしれないのです。

先ほどの〝一時間当たりコスト〟の例を考えてみても、実際に起こり得ることは容易に想像がつきます。しかし、ここは慌てず、これと同じような例が他にもないか探してみてはどうでしょうか。もしかすると、これは稀なケースなのかもしれません。

では、いちばんよく求められるデータにはどんなものがあるでしょうか。〝製品原価〟です。経理担当者やMIS（マネジメント・インフォメーション・システム）マネジャーは、必死になってこのデータを求めようとしています。どうして、このデータが必要なのでしょうか。販売価格を決めるためでしょうか。いや、そんなことが理由のはずがありません。製品の価格は自分たちが決めるのではなく、市場によって決められるからです。製品価格を決めるには、外部要因を見なければいけません。社内を眺めていても、価格を決めることはできません。

では、どうして〝製品原価〟が必要なのでしょうか。市場に対し、どの製品を優先的に投入し、どの製品を後回しにするか、といったことを決定するためです。そうです、理由はそれだけです。でも、よく考えてみてください。第12章のクイズを振り返ってみれば、〝製品原価〟という概念を用いていては、正しい判断を下すことができないことははっきりしています。コスト・システムに基づいていれば、すべて製品Qをつくるべきという答えになっていたはずです。しかし、純利益から判断する限り、答えは正反対でした。先に述べたとおり、〝製品原価〟という概念は、それを生み出した〝コストワールド〟の意思決定プロセスとともに抹消されなければいけないのです。

では、データの精度はどうでしょう。すべてのデータに究極の精度を求める必要があるのでしょうか。クイズの中の各リソースの作業時間の中に、本当に高い精度が求められるデータがあったでしょうか。いいえ、制約条件を見つけるのに、究極の精度は必要ありませんでした。リソースDの稼働時間が週一〇〇〇分であろうと二〇〇〇分であろうと、それは重要なことではないのです。特定のリソースが制約条件か否か、それが判断できる程度の精度があれば、それで十分なのです。

しかしリソースBの作業時間には、もう少し高い精度が求められました。このデータは、より高い次元のインフォメーション、つまり適切なプロダクトミックスを求めるために用いられるからです。

しかしそれでも、過度に精度を高める必要はありません。仮にリソースBの作業時間が一五分でなく一七分であったとしても、結論は変わらないからです。では、高度な精度が求められるのはいつでしょう。それは、最高レベルのインフォメーション（会社の純利益はいくらか）を求める段階においてのみ求められるのです。リソースBの二つの作業時間がどれだけ正確か、その精度によって求められるインフォメーションの精度も決定されるからです。その他のリソースの作業時間は多少不正確であっても、結果には影響しないのです。

これには、多少慣れる努力が必要です。コストワールドにおいては、すべてのデータの精度を高めることで、最終的な結果の精度も高められると考えてきたからです。精度を高めることこそが至上命令だったのです。しかし、いまは違います。スループットワールドでは、一定の範囲を超えてデータの精度を高めても、最終結果には何の影響も及ぼしません。多くの場合、精度を上げても、それが直接インフォメーションの精度の向上にはつながらないのです。

マネジャーは、意思決定を行ったり、必要なインフォメーションを導き出すためにデータを必要とします。意思決定プロセスに変更があれば、最終結果、つまりインフォメーションだけでなく、必要とされるデータの種類や求められる精度も変わることを意味します。これをはっきりと示しているのが、前章の例です。

本章では、そこからさらに細かい議論を展開してみました。話が多少複雑になったかもしれませんので、ここで一度、話を要約してみたほうがいいかもしれません。あるいは、ここまでの議論の中に出てきた用語、言葉の定義を、簡単なリストにまとめてみてはどうでしょうか。

インフォメーション：問われている質問に対する答え

誤ったインフォメーション：問われている質問に対する誤った答え

データ：現実の物事や事象などを説明、描写する文字列

必要なデータ：インフォメーションを導き出すために意思決定プロセスによって必要とされるデータ

誤ったデータ：現実の物事や事象などを説明、描写していない文字列（誤った意思決定手順を原因とするものである）

無効なデータ：求められる特定のインフォメーションを導き出すために必要とされていないデータ

それでは、ここでデータの話は一度置いておいて、今度は意思決定プロセスが会社の他の側面にどのような影響を及ぼすのか、これまでのクイズを続けて使って考えてみましょう。

15 新しい意思決定プロセスが意味するもの

さて、ここではまず、従来の意思決定プロセスから新しい意思決定プロセスに移行することが、いったい何を意味するのか考えてみましょう。新しい意思決定プロセスを介して得られるインフォメーションの質がどの程度のものなのか、また必要なデータとはどのようなもので、どの程度の精度が求められるのかなど、新しい側面が見えてくるかもしれません。では、ここでも製品Pと製品Qのクイズを続けて用いて、新しい意思決定プロセスがこれまでとはまったく別の側面に対し、どのような変化をもたらすのか説明したいと思います。

例えば、私がワークセンターAの職長で、あなたが工場長としましょう。ある日、私があなたに「それぞれの部品を、週に何個加工したらいいですか」と訊ねます。工場長としてのあなたのゴールは、より多くのお金を儲けることなので、「製品Pを一〇〇個、製品Qを三〇個」と答えます。もっともです。しかし、その答えに私は首を傾げます。あなたの指示が理解できないのです。私は、部品を製造するワークセンターの職長です。私にとって重要なのは部品番号です。製品ではありません。そうとわかって、あなたは答えを言い直します。部品に置き換えて説明するのです。

いちばん左の列の部品は週一〇〇個、真ん中の列の部品は〇個（真ん中の列の部品はワークセンターAの作業を必要としません）、右の列の部品は三〇個と、あなたは言い直します。さて、あなたがいま出した指示がいったいどういうことなのか、わかりますか。あなたは、直感的に三番めのステップに従った指示を出したのです。**〝制約条件以外のすべてを制約条件に従属させる〟**――これを行ったのです。

さて、この指示に私はどう反応するでしょうか。いいですか、私はワークセンターAの職長です。まず、左側の部品一〇〇個を製造するのに、どれだけの時間がかかるでしょうか。部品一個につき一五分なので、全体では一五〇〇分ということになります。次に、真ん中の部品ですが、これには一切時間をかける必要はありません。そして、右側の部品ですが、部品一個一〇分×三〇個という計算になります。

それでは、これ以上の部品をつくったらどうなるでしょうか。会社の役に立つでしょうか。いいえ、それはありません。余分につくった部品がスループットにつながることはありません。Bの生産能力によってスループットが決められているからです。それ以上つくっても、在庫が増えるだけです。では、指示のあった数だけつくるのに、合計ではどれだけの時間が必要でしょうか。一五〇〇分＋三〇〇分で一八〇〇分となります。ワークセンターAのキャパシティはどれだけでしたか。週二四〇〇分です。ということは、もしあなたの指示どおりの数しか製造しなかったとしたら、私の能率はどうなるでしょうか。確実に下がります。その場合、私のクビはどうなるでしょうか。こちらも切って落とされるかもしれません。

つまり、あなたの指示どおりのことをしたら、私は罰せられてしまうのです。それがわかっている私は、どうするでしょうか。同僚や生産スケジュール担当者、それに倉庫の責任者などに掛け合うでしょう。そして必要とあれば、必要な資材を勝手に持ち込んで部品をつくるかもしれません。なんとか能率が下がるのだけは防ぎたいのです。自分のところに証拠は残らないので構いません。もっと下流の誰も気にしないようなところに、完成部品や製品として在庫が溜まるのです。

私に与えられた選択肢は何でしょうか。言われたとおり正しいことを行って罰せられるか、あるいは勝手なことをしてヒーローになるかです。ただ、私は聖人でもなければ、殉教しようなどとも思っていません。

すなわち、スループットワールドにおける集中プロセスの三番めのステップ――〝他のすべてを制約条件に従属させる〟――を行うということは、局所的なパフォーマンスの評価尺度が大きく変わることを意味するのです。正しいことをしているのに罰せられたり、逆に間違ったことをしているのに褒められたり、そんな愚かなことをいつまでも続けるわけにはいきません。いま企業は、局所的なパフォーマンスを評価するために、どれだけのお金や時間、それに労力を費やしてデータを集めているでしょうか。しかし、そんなことをしても、従業員や社員の行動は歪められるだけなのです。

「この部品一〇〇個と、あの部品三〇個をつくったら作業終了」などという指示を従業員に出したとしたら、いったいどうなるでしょう。みんなは何と思うでしょう。仕事はおしまいなどという指示が出されるのはどういう時ですか。クビを切られる直前に違いありません。不安に駆られた従業員は、直感的に仕事のペースを遅らせて、自分たちが必要な人間なのだと証明しようとするものです。いいでしょうか、この問題は非常に繊細な問題です。局所的なパフォーマンスの評価尺度を変えるということは、〝労働倫理〟を変えることと背中合わせなのです。

では、今日の労働倫理とはいったいどんなものでしょうか。簡単には次のようにまとめることができると思います。

「もし手が空いている従業員がいれば、仕事を探して与えよ」

しかし、この考え方は、ステップ3の〝制約条件に従属させる〟とは真っ向から対立しています。局所的なパフォーマンスの評価尺度を変えるのが、簡単な仕事だなどとは考えないでください。確かに、一人ひとりが何をすべきかといった重要なインフォメーションを導き出すための手順は、それほど苦労することなく構築できるでしょう。集めなければいけないデータの量もこれまでよりずっと少なくてすむでしょうし、求められる精度もずっと引き下げられるでしょう。しかし、問題はそんなことではないのです。問題は、局所的なパフォーマンスの評価尺度を変えることで、本当に会社のカルチャーを変えることができるかどうかということなのです。これは、そう簡単な作業ではありません。「どのような尺度で私を評価するのか教えてくれれば、どのように私が行動するのか教えてあげましょう」と先にも述べましたが、実はこれには続きがあるのです。**「私が理解できないような新しい方法で私を評価するなら、私がどのように行動するのかは誰にも、私にさえもわかりません」**となるのです。

つまり、単に局所的なパフォーマンスの評価尺度を変えただけでは、企業のカルチャーは変えることはできないのです。

〝コストワールド〟から、新しい意思決定プロセス〝スループットワールド〟へ変換することで、インフォメーション・システムはシンプルにすることができます。しかし、それをはたして使いこなせるかどうか、それはその会社がカルチャーを変えることができるかどうかにかかっているのです。

企業は、局所的なパフォーマンスを評価するために新しい評価尺度を用意しなければいけません。インフォメーション・システムにとって、それは不可欠な要素なのです。さて、これを頭に入れつつ、ここで少し話題を変えてみたいと思います。新しい意思決定プロセスに移行することが、何を意味するのか、もう少し掘り下げて考えてみたいと思います。もっと視野を広げることができるはずです。

では、新しい労働倫理に必要なツールはすでにすべて準備できたとします。これで万事解決でしょうか。いいえ。新たな労働倫理が認識されているにもかかわらず、相も変わらず従業員たちは時間が空くと何かやることはないかと、仕事を探しはじめるのです。これを防ぐために、仕事場に新聞や雑誌を置くことまでした会社もありますが、それもうまくはいきませんでした。非制約リソースを制約条件に従属させようとすると、必然的に空き時間が発生します。要は、この空き時間を、ただブラブラとつぶさせるのではなく、何か意味のある建設的なことで埋めさせなければいけないということです。

では、空いた時間を使って何ができるでしょうか。まず考えられるのは、局所的なプロセス、つまり各部署、各部門の作業の改善です。しかし残念ながら、そんなことで従業員をごまかすことはできません。彼らもそれほど馬鹿ではありません。会社のパフォーマンスにつながらないような意味のない〝改善プログラム〟を押しつけても、長期的な観点からはそれで問題が解決されるわけではありません。

どこで、どのような改善が本当に必要とされているのか、それを判断できる能力を継続的に維持できるような方法、手段を考え出さなければいけないのです。とりわけ新しいニーズではありませんが、〝スループットワールド〟においては、絶対に不可欠なことなのです。それでは今度は、〝プロセス改善〟について話を進めてみましょう。そこで話を具体的にわかりやすくするために、また例を使いましょう。

今度は、私はプロセス・エンジニアです。この前まではワークセンターAの職長でしたが、夜間、大学に通って卒業した私を、あなたがプロセス・エンジニアに昇進させてくれたのです。もはや私は職長ではなく、一つ上のプロセス・エンジニアへと昇進を果たしたのです。あなたは、先ほどと同じ工場長です。

さて翌日、私はあなたのオフィスを訪ねます。あなたはオープン・オフィスのポリシーを掲げているので、来る者は誰も拒まないのです。あなたの部屋へ足を踏み入れ、私はあなたにこう言います。「この工場でつくっている部品ですが、一つ大量につくっている部品があります。この工場でつくっている部品の中でも、重要な部類に入る部品です。この部品をつくるのにかかる時間は、一個当たり二〇分です。そこで、少し考えがあります。新しい機具を購入するのです。そのために二〇〇〇ドル予算をいただけませんか。いや、もう少し、三〇〇〇ドルもあれば十分です。この機具があれば、一個当たりのプロセス・タイムを二〇分ではなく……、二一分にすることができます」

これを聞いて、あなたはどう応答しますか。私は、再び職長へ降格されるのでしょうか。それだけですめば、まだましかもしれません。あなたが仮に非常に忍耐力のある人だとします。そこで、どういうことなのか私に質問します。品質が向上するのかと訊ねますが、私の答えはノーです。では、材料が少なくてすむのか――これも答えはノーです。いったい、どういうことなのでしょうか。

私が犯した唯一の間違いは何でしょうか。会社からの指示を真面目に受け止めすぎたことです。会社からの指示は〝**制約条件の能力を高めよ**〟ということでした。それから、リソースBが制約条件であることも告げられました。「なんとかしろ、少しの無駄も許されない。制約条件は一分たりとも無駄にできないんだ」と言われたのです。すでに、私にはいくつか関わっているプロジェクトがあったので、こちらはどうしたらいいのかと訊ねると、すべて放っておいて構わないと言うのです。「どれも非制約条件を中心にしたプロジェクトばかりだから、忘れて構わない」というのです。私は、自分の仕事が好きです。会社のために働くのが好きです。ですから、私は家に帰って、頭を捻りました。どうやって制約条件の能力を高められるか考えたのです。そして、私はその方法を見つけました。しかしその結果、私のクビは切られてしまうのです。

私の提案に対する、当惑に満ちた反応は〝コストワールド〟的な反応です。コストワールドにおいては、製造時間が長くなることが有益であることなどあり得ないのです。では、スループットワールドにおいてはどうでしょうか。私の考えは以下のとおりです。

新しい機具を用いると、制約条件が真ん中の部品一個をつくるのにかかる時間を短縮できます。これまでリソースBで行っていた作業の一部をリソースCに移すことができるからです。これまで一五分かかっていたのが、一四分ですむようになるのです。つまり、負荷を一分だけリソースCに移し替えることができるのです。しかし、CはBより作業が遅いので、真ん中の部品をつくるのにCでかかる時間は、これまでの五分から七分へと増えます。その結果、真ん中の部品をつくるのにかかる時間は合計二〇分から二一分へと増えるのです。

もし、仮に私の提案を実行したとしましょう。その場合、機具に投資した三〇〇〇ドルを回収するにはどのくらいの期間がかかるでしょう。コストワールドでは、もちろんいつまで経っても回収できません。ＪＩＴワールドやＴＱＭワールドでは、〝改善〟という名の投資なら、どんなものでも正当化されます。しかし、現実的にはどうでしょう。会社のゴールは、コスト削減でも改善でもありません。より多くのお金を儲けることなのです。そんな現実の世界においては、いったいどのくらいの期間で回収することができるのでしょうか。

新しい機具のおかげで、部品一個当たり一分の時間を制約条件から解放することができます。真ん中の部品は、一週間当たり一三〇個製造します。ということは、制約条件の生産能力を週一三〇分余分に手にすることができるのです。こうして手に入れた制約条件の時間は、一分当たりいくらで売ることができるでしょうか。これは前にも計算しました。三ドルではありません。製品Pのマーケット・ポテンシャルはもうすべて満たされていますが、製品Qのマーケット・ポテンシャルはまだ満たされていません。ですから新たに手に入れた制約条件の生産能力は、一分当たり二ドルで売ることができます。つまり、この機具を購入することで、一三〇分×二ドルで一週間当たり合計二六〇スループット・ダラーを得ることができるのです。業務費用は変わらないので、このスループットの増加分だけ利益が増えることになります。ということは、投資した三〇〇〇ドルは一二週間弱で回収できる計算になります。悪くない投資だと思いませんか。

〝コストワールド〟の考え方に従えば、部品のプロセス・タイムを二〇分から二一分に悪化させるようなことを提案するエンジニアは一人もいないでしょう。ワークセンターBとCの両方を担当しているような職長であれば考えるかもしれませんが、それでも実行する時は、周りにわからないように隠そうとするはずです。結果が正確に報告されたら、差異が増えているので、罰せられるに違いないのです。標準を上回る時間をかけているからです。

では、プロセス・エンジニアにとって、必要なデータとはいったい何でしょうか。どのリソースが制約条件で、その制約条件から搾り出した生産能力を一分当たりいくらで売ることができるかです。必要なのはそれだけです。しかし、現実はどうでしょう。私たちは、プロセス・エンジニアにどのようなデータを与えているでしょう。いわゆる〝コスト〟インフォメーションと呼ばれるデータを、それも山のように膨大なデータを与えているのです。その結果は、どうでしょう。きっとあなたのところへ別のエンジニアがやって来て、こう提案するのです。「左側の部品の二つめの工程も改善することができます。三〇〇〇ドル投資して新しい機械を購入すれば、プロセス・タイムを一〇分から五分に短縮することができます」。そして、あなたはきっと彼に〝年間最優秀エンジニア賞〟を与えるのです。しかし、工場はいったい何を得たのでしょう。

何も得なかったわけではありません。マイナスの効果を得たのです。投資した三〇〇〇ドルが無駄になっただけではありません。それよりもっと質の悪い問題です。エンジニアのプライドが変に高くなってしまうのです。それも間違った理由でです。優秀なエンジニアは数も少なく給料も高いものです。貴重な存在である彼らの注意を現在、そうして将来にわたって、間違った方法に導いてしまうことになってしまうのです。

あなたは、コスト削減プログラムを行っている会社をいくつ知っていますか。もし彼らのコスト削減プログラムがすべて利益増加につながっているとすれば、会社には相当な利益がもたらされているはずです。しかし、現実はそうではありません。いったい、コスト削減の効果はどこへ消えてしまったのでしょう。いまのあなたなら、答えはもうわかっているはずです。そもそも、彼らのやっていることはコスト削減でも何でもないのです。業務費用が減らないのに、どうしてコスト削減などあり得るでしょうか。彼らのやっていることは単なる数字遊びにすぎないのです。業務費用が実質的に固定されている場合、利益を増やす唯一の方法はスループットを上げるしかないのです。

インフォメーションとは何でしょう。インフォメーションを導き出すには、どのようなデータが必要なのでしょう。そのデータには、どの程度の精度が求められるのでしょう。こうした問いが、新しい意味を持ちはじめるのです。これまで**新しい総合的な経営哲学**について、いろいろ議論を交わしてきましたが、どうやらそれも無駄ではなかったようです。

16 方針制約と惰性

さて、この章でも、これまでどおり製品Pと製品Qのクイズを使って話を進めていきたいと思います。もう、きっと内容はすっかり覚えてしまっていることでしょう。さて、これまでTOCの集中プロセスについていろいろ説明を行ってきましたが、五番めのステップについてはまだ触れていません。それでは、またここで想像してみてください。今度は、マーケティング・ディレクターの登場です。彼はこれまでの様子を見て、四番めのステップ（**〝制約条件の能力を高める〟**）が実際、非常に有効であることに気づきました。そこで彼は、リソースB以外に、社内にはもう一つ制約条件があると言い出します。マーケット・ポテンシャルも制約条件だと言うのです。

しかし、注意してください。**マーケット・ポテンシャル**が制約条件という表現は間違っています。これを聞いた営業マンは、それならと、製品Qの注文をもっと取ってくるかもしれません。そんなことをしても会社の利益は増えません。もう一度考えてみてください。制約条件とはいったい何ですか。足かせとなっているものを取り払ってやる。すると、もっと多くのお金が儲かる。こうした取り払うことで利益増加が望めるものが、制約条件なのです。たとえ取り除いたとしても、利益増加という結果を伴わないものは、制約条件ではないのです。

ここでの制約条件は、製品Pに対して十分な需要が市場にないことです。もし製品Pに対するマーケット・ポテンシャルが増えれば、会社はもっと多くのお金を儲けることができます。そこで、先ほどのマーケティング・ディレクターが提案したのが海外市場です。例えば、日本に対しては製品をまだ一切売っていないと指摘したとします。日本に行って、自社製品に対する需要がないかどうか調べてみるべきだと提案したのです。

二週間後、彼は日本から戻り、その調査結果を誇らしげに報告します。報告内容はこうです。「わが社の製品は、日本でも十分売れる。製品P、製品Qともに日本市場が望んでいた製品だ。それに、市場は非常に大きい。米国市場と同程度の規模だ。一週間当たり製品Qは五〇個まで、製品Pも一〇〇個までは売れる。しかし、一つだけ小さな問題が……」

どういうわけか、マーケティングの連中と話す時は、必ずいつもこうした〝一つだけ小さな問題〟が最後にオマケのように付いてくるのです。もう想像がつくかもしれませんが、日本で売るには、値段を二〇パーセント割り引かないといけないのです。マーケティングの話では、日本向けに価格を引き下げたとしても、国内市場の価格へは影響は絶対にないとのことです。徹底的に調査済みなのです。国内価格に影響を与えることなく、日本向けに価格を下げることができるのです。製品仕様で多少の変更が求められるので、これを理由に価格引下げを正当化できるのです。ただ仕様変更といっても、特に実質的な追加コストが求められるような変更ではありません。

そこで気になるのが〝ダンピング〟です。ダンピングで訴えられるかもしれません。しかし、ダンピングとはいったい何でしょう。原価割れの価格で売ることでしょうか。しかし、よく考えてみてください。そもそも製品原価というものが存在しなければ、どうやって原価割れで販売するなどということができるのでしょう。それに、もし日本製のカメラを買うとしたら、あなただったらニューヨークと、東京のどちらで買いますか。きっと、ニューヨークのはずです。違いますか。そのほうが安く買えるからです。どうして、ニューヨークで買ったほうが安く買えるのでしょうか。不思議だとは思いませんか、きっと日本からの運送費がマイナスだからに違いありません。

ただ、製品Qを二〇パーセント割り引いて売るためだけに日本へ進出することなど考えません。国内でも製品Qをすべて一個一〇〇ドルで売っているわけではないのに、どうして、八〇ドルで売るためにわざわざ日本まで行かなければいけないのでしょう。しかし、もし製品Pを七二ドルで売るとしたらどうでしょう。日本に進出すべきでしょうか、あるいはやめるべきでしょうか。

これは〝コストワールド〟では、非常に難しい問題です。しかし〝スループットワールド〟では、逆に非常に簡単な問題です。状況を考えてみてください。業務費用が固定されていて、制約条件の能力はまだ高められない状況です。このような状況で、純利益を増やす唯一の方法はいったい何でしょう。それは、制約条件の生産能力を徹底的に搾り出して活用することです。現在、制約条件一分当たりに得ることのできるスループット・ダラーは最小二ドルです。ですから、もし日本で販売して一分当たり二ドル以上得ることができれば、日本でも売るべきと考えることができます。それであれば、利益は増えます。でなければ、日本に進出したとしても、ただの観光だけで終わってしまうでしょう。

日本での販売価格は七二ドルです。これから材料費として四五ドルを差し引かなければいけません。

日本での販売価格は国内より低く抑えるわけですから、原材料費も多少引き下げてもらいたいところですが、供給業者からの価格は変わりません。忠誠心なるものは少しも期待できないようです。さて、一個当たりのスループットは二七ドルということになります。そのために必要な制約条件の時間は、一個当たり一五分です。ということは、制約条件一分当たりのスループット・ダラーは二ドルに満たないことになります。このようなシナリオでは、日本に進出すべきではありません。

さて、営業員は注文を得るべく営業活動を行うわけですが、彼らが必要としているデータは何でしょうか（ここでは異なる市場同士、干渉し合わない、つまり完全なマーケット・セグメンテーションが存在すると前提します）。まずは、一製品当たりの原材料費です。次に、一製品当たりに必要な制約条件の時間。それからもう一つ――現在、制約条件一分当たり最低いくらのスループット・ダラーを得ているか、その下限です。さて、これらのデータをもとにどのようなインフォメーションを得ることができるでしょうか。販売価格です。完璧なマーケット・セグメンテーション下においては、市場がよしとする価格であれば、どんな価格で販売しても構わないのです。しかし、もし市場が求める価格が、スループット・ダラーの下限を下回るような価格であれば、注文を受けるべきではありません。非常に簡単です。しかし、現状はどうでしょう。私たちは、いったいどのようなインフォメーションを営業員に与えているでしょうか。

さて、話をもう少し現実的に考えてみましょう。この例は、あくまで架空の工場の話です。顧客は我が社の製品を求め、お金を用意して待っています。しかし、いまある機械だけでは追いつかず、注文を全部受けるわけにはいきません。そんな場合、たいていの会社ではどうするでしょうか。「もう一台機械を買え」となるわけです。当然です。

いいでしょう。それでは、もう一台工程Bに機械を買いましょう。しかし、この工場には、この機械を操作できる工員が一人しかいません。その工員はすでに一〇〇パーセント、フル稼働していて、もう一台機械を操作する時間的余裕はありません。機械をもう一台買っても、このままでは何の役にも立ちません。お金をもっと儲けるのが目的なのですから、もう一人この機械を扱える人間を雇わなければいけません。さっそく、探してみたら一人見つかりました。この機械をちゃんと操作できる人間です。賃金は安くてすみそうです。付加給付も含めて週たったの四〇〇ドルです。さて、これなら実際の企業でも、よくありそうな話ではないでしょうか。さっそく彼を雇い入れるわけですが、業務費用、スループットともに、影響を受けます。業務費用は週六四〇〇ドルへと増えます。

さあ、ここで問題です。私たちは新しい機械を購入しました。無償でもらったわけではありません。この機械の購入価格を仮に一〇万ドルとしましょう。計算をわかりやすくするために、利子は考えません。さて、この投資を回収するには、いったい何週間かかるのでしょうか。

ここで、またアドバイスです。この先を読む前に、ぜひ自分で計算してみてください。単なるテストではなく、自分がどのような考え方をするのかを確認するためです。

これまでも多くの人がこの質問に挑戦してきましたが、正しく答えることのできた人は、実は一握りしかいません。〝コストワールド〟の考え方から、やはりなかなか抜けられないのです。では、どんな間違いを犯しやすいのか、典型的な例を挙げて説明してみましょう。

工程Bに、新たに機械を一台購入しました。そのため、Bはもはや制約条件ではありません。その結果、製品P一〇〇個と、製品Q五〇個を全部供給できるようになりました。他のリソースもキャパシティが十分あることは確認済みです。すると今度は、市場が新たな制約条件となるのです。

製品Pのスループット・ダラーは一〇〇×四五で四五〇〇ドル、製品Qは五〇×六〇で三〇〇〇ドルで、合計七五〇〇ドルのスループット・ダラーがもたらされます。これから業務費用を差し引かないといけないのですが、工員を一人新たに雇用したので、業務費用は週六四〇〇ドルです。つまり、純利益は「7500ドル－6400ドル」で、週一一〇〇ドルということになります。しかしこの利益をすべて、購入した機械の投資回収に用いることはできません。この機械を投資する前も、会社は利益をあげていました。投資回収に用いることができるのは、機械を購入した結果、加えられた利益の増加分だけです。

では、どれだけ利益は増加したのでしょうか。「1100ドル－300ドル」で、一週間当たり八〇〇ドル利益が増えたことになります。機械の購入代金は一〇万ドルですから、ちょうど一二五週で回収できる計算になります。さて、本当にそうでしょうか。これでいいのでしょうか。実は、これが大間違いなのです。

集中プロセスの五番めのステップを思い起こしてください。〝**制約条件が解消されたら……**〟というステップですが、いまがまさにその状況なのです。制約条件が解消されたばかりのところなのです。

そして〝……**惰性が次の制約条件にならないように注意する**〟とくるのですが、これは、いままさに私たちが直面しているような状況に対して用意された警告なのです。このような警告に、私たちは十分な注意を払ってきたでしょうか。〝コストワールド〟では、すべてが重要です。ですから、一つ、二つ何かを変えたとしても、全体的には大きな影響はありません。しかし、〝スループットワールド〟は違います。一つでも重要なことを変えれば、全体が大きく変わってしまうのです。

先ほどの話に戻りますが、どうして日本に進出すべきではないという結論に達したのでしょうか。制約条件一分当たり二ドル以上を得られなかったからです。ですが、どの制約条件ですか。いいでしょうか、先ほどまでの制約条件は解消されて、もうないのです。機械をもう一台購入することで、すべてのリソースに余剰キャパシティが生じたのです。いま、制約条件となっているのは市場だけなのです。ですから、いますぐ日本に進出して、その余剰キャパシティを販売すればいいのです。販売価格と原材料費の差額、すなわち日本に進出することで生まれるスループット全部が、純利益に加算されるのです。業務費用は、いままでよりは多少高くなりますが、固定されています。

では、日本に進出するとして、社内の制約条件はどうなるでしょう。次に制約条件になるのは、どのリソースでしょうか。そう、リソースAです。では、さっそく計算し直してみましょう。製品P一〇〇個を国内で販売すると、四五〇〇スループット・ダラーが得られます。しかし、そのためにはリソースAで一五〇〇分の時間が必要です。同様に、製品Q五〇個を国内で販売すると、三〇〇〇スループット・ダラーが得られます。リソースAで、必要な時間は五〇〇分です。その結果、リソースA

に残される空き時間は四〇〇分です。この余った時間を日本向けに用いるのです。

では、残された四〇〇分でリソースAでは、製品Pをいったいいくつつくることができるでしょうか。約二六個です。一個当たりのスループットは、四五ドルではありません。販売先は日本です。そう、日本へ販売する場合のスループットは、「72ドル－45ドル＝27スループット・ダラー」となるのです。ということは日本で販売することで、あと七〇〇スループット・ダラーが得られることになります。それだけしか儲かりませんが、それでも日本へ行って販売すべきでしょうか。ちょっと考えてみましょう。スループットは日本の販売分も含めて、現在合計八二〇〇ドルです。これから業務費用の六四〇〇ドルと、もともとの純利益三〇〇〇ドルを差し引くと、一週間当たり一五〇〇ドルとなります。これは、先ほどの純利益の約二倍です。つまり、惰性に気をつけないでいると、利益の半分を儲け損ねてしまうということなのです。

さて、これで惰性の意味がよくわかったでしょうか。本当に理解できましたか。いえ、答えはまだノーです。〝コストワールド〟には、〝製品原価〟という概念が存在します。製品の設計や従業員の給与を変えない限り、この〝製品原価〟は変わりません。しかし〝スループットワールド〟には、〝製品原価〟や〝製品利益〟などという概念は存在しません。ですから製品の影響ではなく、意思決定の影響を評価しなければいけません。その評価は、システム全体の制約条件への影響を介して行われるのです。ですから、制約条件を見つけることが常にいちばん最初のステップとなるのです。制約条件が変わっていれば、過去に行った意思決定もあらためて検証する必要があるのです。

なぜ、製品Pを日本で販売することにしたのですか。それは、製品Pが〝いちばん利益の大きい製品〟だと考えていたからです。しかし、それはあくまで〝コストワールド〟に基づいた判断です。〝いちばん利益が大きい製品〟という考え方は、もう過去のものです。製品Pを売ることが会社にとって、より多くの利益をもたらすと考えていたわけですが、どうして、そのように考えていたのでしょう。それは、リソースBが制約条件だったからです。しかし、注意してください。そのBは、もはや制約条件ではないのです。

では、製品Qを日本に販売してみてはどうでしょうか。リソースAの余剰キャパシティ四〇〇分を使って、製品Qをつくるのです。製品Qをつくるのに必要な制約条件の時間は一個当たり一〇分なので、四〇〇分あれば四〇個つくれる計算になります。日本で製品Qを売った場合、製品一個当たりのスループットは、販売価格八〇ドル（日本での販売価格は二〇パーセント割引）から原材料費の四〇ドルを差し引いて、四〇スループット・ダラーとなります。ということは、製品Qを日本で販売すると、製品Pを売った場合の七〇〇ドルに対して、合計一六〇〇ドルが純利益に加えられることになります。九〇〇ドルの利益が上積みされることになるのです。日本で販売することはすでに決定済みですから、販売するなら、やはりいちばん利益の大きい製品を販売すべきなのです。これが惰性なのです。

さて、今度こそは惰性の意味がわかったでしょうか。惰性がもたらす大きなリスクが十分理解できたでしょうか。答えは、またもやノーです。私たちは、まず国内市場を考えました。国内市場で搾り出せるものをすべて搾り出し、それが終わってから日本への販売を考えました。なぜ、そもそも最初に国内を考えなければいけないのでしょう。日本進出が最初はまったく頭になかったからです。これも惰性です。

〝惰性が次の制約条件にならないように注意する〟——では、その警告に従って、ステップ1に戻ってみましょう。そして、あたかも初めて見るシステムであるかのように眺めてみるのです。いや、実際、これはもうまったく新しいシステムです。これまでのシステムとは異なるのです。いいでしょうか、もう一度確認しますが、〝コストワールド〟においては、一つ、二つ何かを変えたからといっても、大勢には影響はありません。しかし〝スループットワールド〟では、制約条件が変わることは、すべてが変わることを意味するのです。

私たちが注意深く判断しなければいけないのは、どの製品が制約条件を介していちばん貢献度が大きいかです。新たな制約条件はリソースAです。もはやBではありません。計算方法は説明したとおりです。スループット・ダラーを、制約条件で必要とされる時間（分）で割るのです。次は、自分で計算をしてみてください。きっと、驚くような結果が待っているはずです。

Part IV

インフォメーション・システムを構築する

17 インフォメーション・システムの構造

前にも述べたとおり、インフォメーションとは問いに対する答えです。では、私たちは、どんなインフォメーションを探しているのでしょうか。この問いに答えるには、単純にみんなの不平不満に耳を傾ければいいのです。「データは洪水のごとく与えられているのに、インフォメーションは少しもない」。そんな悲痛な声を上げる、みんなの具体的な不平不満に耳を傾けるのです。

この客からの注文は受けるべきか？　機械の新規購入の申請は認可すべきか？　この取引にはどのような条件を提示すべきか？　製品設計のリードタイムを縮小するために他に何ができるのか？　この部品は社内製造すべきか、あるいは外部調達すべきか？　あの部署のパフォーマンスはどのようにしたら客観的に評価することができるのか？　どの業者を使うべきか？……などなどです。

これらの例からもわかるように、私たちがいちばん必要としているインフォメーションは、従来コスト会計で答えてきたものばかりです。〝スループットワールド〟という現実の世界にあって、〝コストワールド〟の意思決定プロセスはまったく不適切です。ですから不平不満が上がったとしてもそれは当たり前のことなのです。従来の意思決定プロセスを用いていては、これらの問いに適切な答えを出すことはできないのです。その結果、マネジャー連中は当てずっぽうな勘に頼らざるを得ませんでした。つまり、データとインフォメーション間の架け橋である意思決定プロセスが欠如していたのです。したがって、データをどれだけ掻き集めたとしても、直感的な答えをサポートすることはできなかったのです。それどころか逆に、障害にさえなり得たのです。

それでは、説明が重複するかもしれませんが、いまの話をもう少し詳しく考えてみましょう。ここまでくれば、問題の核心はもう一歩という感じです。探し求めているものの本質を定義する根拠みたいなものに、もう少しで手が届きそうです。私たちが求めている**インフォメーション・システム**は、本質的に従来の**データ・システム**とは大きく異なることは間違いありません。

前にも述べましたが、インフォメーションは階層的なストラクチャーで構成されています。高い次元のインフォメーションは、適切な意思決定プロセスを介して、低い次元のインフォメーションから導き出されるのです。私たちには、そのような適切な意思決定プロセスがまだありません。ですから、必要とされるインフォメーションもまだ得ることができないでいるのです。ということは、私たちが探し求めているインフォメーション・システムは、主に高次元のインフォメーションに的を絞ったシステムであるべきだという結論になります。面白い結論だと思いませんか。それでは、もう少し掘り下げて考えてみましょう。

ある問いがあるとして、意思決定プロセスを介することなく、単純にデータを取得することで、この問いに答えることができるとしましょう。これまでの私たちの努力のほとんどは、実はこういった努力だったのです。**データ・システム**と呼ばれるのも当然です。しかし、だからといって高次元の問題を無視してきたかというと、そういうわけでもありません。さまざまな問題に取り組もうとしてきました。先ほどもいくつか例を挙げましたが、常にそういった問題は目の当たりにしてきました。コスト・システムがそのいい例です。コスト・システムを用いて、私たちはこうした問いに答えを出そうとしてきたのです。しかし、これまでの議論からもわかるように、その努力は誤った意思決定プロセスをベースにしているため、適切な答えは出すことができませんでした。

このような状況にあっては、〝インフォメーション・システム〟と、〝データ・システム〟という二つの言葉をきちんと区別して用いる必要があります。適切な意思決定プロセスを介さなければ答えることができないような問いがあるとします。このような問いに答えることができるシステムのことを**インフォメーション・システム**と呼ぶのです。一方、意思決定プロセスを介す必要もなく、提示された問いに対しデータを照らし合わせるだけで単純に答えることを目指したシステムは**データ・システム**と呼ぶのです。つまり、インフォメーション・システムとは、集められたデータに直接対応するために用いられるシステムではなく、データ・システムの存在を前提としたうえで、そのデータ・システムから必要なデータだけを搾り出すことができるシステムでなければいけないのです。遠大な結論かもしれませんが、直感的には理解できるはずです。

例えば、インフォメーション・システムの力は、いったい何によって判断したらいいでしょう。そのシステムを用いて、いったいどれだけの範囲の質問に答えることができるのか、その範囲によって判断することができます。範囲が広ければ広いほど、より強力ということになります。

さて、次は何をしたらいいでしょう。まず最初に考えられるのは、本章冒頭に挙げたような問い一つひとつに対して適切な意思決定プロセスを構築することです。もちろん、答えなければいけない問いはこれだけではありません。他にもたくさんあります。

しかし、容易に想像がつくと思いますが、その作業には相当の時間を要します。本書の範囲をはるかに超えています。製品P、製品Qというごく簡単な例一つだけでも、十分すぎるほどの時間を要します。この調子で一つひとつの問いを扱っていては、いつまで経っても本題の**インフォメーション・システム**のストラクチャーまで話が辿り着きません。

意思決定の手順が、どうやら複雑でも難しいわけでもないとわかりはじめたいまは、どうしても一つひとつの問いに意思決定プロセスを構築してみたくなるところですが、ここは我慢しましょう。意思決定の手順は、複雑どころか、実は驚くほどシンプルなのです。コストワールドではすべてが重要でしたが、スループットワールドにおいては限られた少数の事柄だけが重要なのです。ですから、驚くほどシンプルにできたとしても、それは当然のことなのです。深く染みついてきた〝コストワールド〟の考え方の壁に注意を払っていないと、現実は簡単に隠されてしまいます。その壁を破るべく意思決定プロセスを構築し、次々に壁を打破していくことができれば、どんなに楽しいことでしょう。

しかし、ここは議論の本題を忘れないようにしましょう。ここでの本題は、包括的かつ信頼に足り得る**インフォメーション・システム**とは何か――そのストラクチャーと構成要素を明らかにすることです。はたして、それを個別の意思決定プロセスを策定することなく、行うことができるでしょうか。

幸運にも、ガイドラインはすでに構築済みです。**集中プロセスの5ステップ**です。おそらく例を一つ、二つ検証してみるだけで、**インフォメーション・システム**にはどのようなストラクチャーが必要とされているのか、わかるかもしれません。もしかすると、あらゆる状況に対応できるような包括的なパターンがあるかもしれません。そうであるなら、まずは大まかなフレームワークを構築し、そのうえで問いごとに足りない部分を埋めていけばいいのです。そのほうが、より早く成果を出せるはずです。そうでなくても、会社にこうした概念を取り入れるには、時間をかけ徐々に行っていかなければいけません。**コストワールド**から、**スループットワールド**への完全移行は、一日でできるものではないのです。

それでは、さっそく始めてみましょう。

さて、あなたが購買マネジャーだとしましょう。あなたにはいくつかの責任が与えられていますが、その一つは各部品に必要な原材料の在庫量を決めることです。簡単な仕事ではありません。もし十分な在庫を抱えていなければ、すぐに原材料が底をつき、生産ラインは止まってしまいます。逆に、在庫を抱えすぎると、今度は経理からクレームが入り、あなたは上司から厳重な注意を受けます。いったい、どれだけの在庫を抱えたらいいのでしょうか。それだけではありません。たとえ在庫量を決めたとしても、それが適切量だと、どのようにして証明することができるのでしょう。

では、具体的な数字を用いて、問題を検証してみましょう。仮に、ある原材料は購入価格が一個当たり一〇〇ドル、納入までのリードタイムは六か月とします。また別の原材料は一個当たり一〇〇ドルですが、リードタイムはわずか二か月です。この場合、それぞれの原材料は何週間分の在庫を持っていなければいけないでしょうか。

慌てずに答えてください。答えは明らかだ、最初の部品のほうが二つめの部品より在庫が多くないといけない、とすぐに考えるかもしれませんが、それは〝コストワールド〟を根拠にした考えです。実は、購入価格やリードタイムよりもっと重要なことがあるのです。それでは、その一つについて考えてみましょう。

原材料の在庫をどれだけ持っていなければいけないか議論を交わしているわけですが、そのような議論を行うこと自体、実は、原材料が散発的ではなく継続的に少しずつ消費されることを意味しています。でなければ、特定の注文に応じられるだけの原材料をその都度、購入すればよく、原材料の在庫を維持することなど考える必要などないからです。そこで、例えば各原材料の供給業者からの納入ですが、一つめの原材料は二週間に一回、二つめの原材料は月一回だとします。このような場合、あなたの答えはどうなりますか。どちらの原材料の在庫をより多く抱えておかなければいけないと思いますか。

一つめの原材料は、二週間の在庫を抱えておかなければいけません。つまり、二週間分の消費量が必要です。しかし二つめの原材料は、二週間分では明らかに足りません。一か月分の在庫を抱えておかなければいけません。違いますか。

では、これに価格やリードタイムはいったいどのように関わってくるのでしょうか。それとも考慮すること自体、はたして必要なのでしょうか。もちろんまったく無視することはできませんが、実は思っていたほど重要ではないのです。一か月分の消費量と言いましたが、具体的にはいったいどういう意味でしょうか。一か月の平均消費量ですか。いえ、私たちにも多少の経験はあります。それだけでは足りないことぐらいはすぐにわかるはずです。マーフィー（予期せぬトラブル）が必ず発生するからです。つまり一か月分の消費量とは、マーフィーに対応できるだけの余裕を持たせたうえでの消費量ということなのです。では、どれだけの余裕を持たせる必要があるのでしょうか。

もちろん、それは消費量がどれだけ変動するのかによるのですが、それはつまりどれだけ顧客からの需要が変動するのかに大きく影響されます。では、どうやってその変動幅を決めることができるでしょうか。つまり、どうすればマーフィーを定量化できるかということです。これはまた別に扱わなければいけない問題なのですが、ただし価格の影響を受けることははっきりしています。価格が高ければ高いほど、大きな幅を持たせる余裕はなくなります。面白いと思いませんか。〝コストワールド〟でいちばん重要なパラメータと考えられてきたコストが、〝スループットワールド〟では単なる調節パラメータでしかないのです。

では、業者のリードタイムはどうでしょうか。はたして重要でしょうか。もちろん、これも無視することはできません。しかしコスト同様、これも調節パラメータでしかないのです。私たちが供給業者へ発注する時、少なくとも希望する納期よりリードタイム分だけ早めに注文を出さなければいけません。その際、私たちが考慮しなければいけないのは、現在の消費変動ではなく、将来の消費変動です。今日発注する原材料は、業者から納入されて初めて、つまり発注からリードタイム期間が経過して初めてストックとしての機能を果たすのです。

例えば、一つめの原材料の場合ですが、リードタイムが六か月なので、いまから六か月後の消費量を予測しなければいけません。もちろん、業者のリードタイムが長ければ長いほど、予測しなければいけない消費量は先へと延びていきます。その結果、予測はより不確実となります。ここでもう一度、価格やリードタイムが納入頻度に比べ重要度が低いことを再確認しておきましょう。価格やリードタイムは、あくまで社内変動によるノイズ・レベルにしか影響しないのです。つまり会社が安定していればいるほど、価格やリードタイムの重要度は減るのです。

さて、ノイズということですが、その不確実性の原因になっているのは自分の会社だけではありません。供給業者がどれだけ信頼できるのかも大きな鍵となります。同じ例を用いて説明してみましょう。一つめの業者（二週間に一度納入する業者）のほうですが、こちらはあまり信頼できないとします。納期どおりに納入しなかったり、納入しても、原材料全部が欠陥品だったりすることが多々あるのです。もう一つの業者は逆に、非常に信頼できるとします。納期もきちんと守るし、品質も問題ありません。このような条件では、答えはどう変わるでしょう。それぞれの原材料の在庫をどれだけ持っていなければいけないのでしょうか。

ここまでの説明でわかったと思いますが、原材料の在庫レベルを決めるために考慮しなければいけない要素は主に三つあります。まずは、業者からの納入頻度です。二つめは消費量の変動。そして三つめは供給業者の信頼性（納期遵守率と品質）です。しかしこの三つを考慮すると、また新たな問題が浮上してきます。例えば、業者が三つあるとして、一つめの業者は価格がいちばん、二つめの業者は納入頻度がいちばん、三つめの業者は品質がいちばんだとします。さてこの場合、あなただったらどの業者を選びますか。このような問いにも答えられるように、数量的な評価が必要であることは明らかです。

さて、話を振り返ってみましょう。コストワールドにおける数字遊びと、スループットワールドにおける論理的な思考の違いはもちろんのことですが、それ以外にどんな新しい発見があったでしょうか。インフォメーション・システムに必要な構造を見つけるための鍵となるような、新たな発見はあったでしょうか。

18 〝プロテクション〟を定量化する

前章の例から、私たちは必要とされる**インフォメーション・システム**の構造について多くを学ぶことができます。慌てないで、落ち着いて考えればいいのです。思っているほど、複雑ではありません。では、前章の例をもう一度振り返ってみましょう。原材料の在庫レベルはどのくらいが適正か、どの業者を選ぶべきかなどについて議論しましたが、これらがいずれもある一つのデータに大きく依存していることがわかったと思います。そう、在庫の〝消費変動〟です。

それがわかっていれば、大して苦労することもなく、数量的な判断を下すことができるはずです。では、どうやったらこのデータを得ることができるのでしょう。まず最初に何を考えなければいけないでしょうか。それは明白です。何によって消費の量が決定されるかです。

簡単な質問だと思われるかもしれません。少なくとも概念的には、簡単だと思われるでしょう。そう、制約条件です。制約条件によって消費の量が決定されると思われるはずです。しかし、本当にそうでしょうか。制約条件だけによって決定されるのでしょうか。制約条件があれば、それだけで在庫の消費の量がすべて決まってしまうのでしょうか。

いいでしょう。確かに制約条件は在庫の消費の量を決定します。しかし、制約条件をどう扱うべきか、その意思決定が適切でなければ、結果が大きく変わることもあり得ます。制約条件を適切に活用しないと、消費量が適正レベルよりずっと低くなったり、あるいは、制約条件を無視し代わりに人為的な〝労務能率〟を用いたりすると、原材料の消費量は不必要に膨れ上がってしまう危険性がありま す。

どこかで聞いたことのあるような説明だと思いませんか。そう、集中プロセスの5ステップです。まず**〝制約条件を見つける〟**。次に**〝制約条件を徹底活用する〟**。そして**〝制約条件以外のすべてを制約条件に従属させる〟**。同じだと思いませんか。特に目新しいことではありません。そこで、一つ質問です。制約条件に従属させるのは、不必要に高い能率を求めようとするのを阻止することだけが目的でしょうか。いえ、必ずしもそうではありません。いいでしょうか、私たちが予測しないといけないのは、単なる消費量ではありません。変動幅をも考慮した消費量です。本当にそんな予測が可能なのでしょうか。もちろんです。しかしそのためには、新たなメカニズムを追加する必要があります。

そもそも、どうして変動幅を考慮しないといけないのでしょう。それは、物事が思ったとおりスムーズにいかないのが常だからです。トラブルが発生するのは当たり前なのです。ですから、制約条件のパターンと変動レベルを考慮したうえで、会社全体で必要とされる在庫レベルを数値的に予測できるようなメカニズムを構築する必要があるのです。そうです、ここではこの従属ステップが非常に重要なのです。

さて、ここで言えるのは、少なくともこの例については言えることですが、意思決定プロセスが完全に構築され、理解されていたとしても（この例の場合はまだそのレベルに達していませんが）、やはりデータが必要だということです。しかし、この種のデータは、コストワールドには用意されていません。階層的には低い階層のインフォメーションですが、従来の意思決定方法では既存のデータから導き出すことができないのです。原材料の適正在庫はどのくらいか、そうした購買に関する問いに正確に答えるには、その前に行わなければいけないことが二つあります。インフォメーション・システムに、この二つのステップが組み込まれ、実行されなければいけないのです。

まず最初のステップは、現在そして将来にわたって**〝制約条件を見つけ〟**、**〝制約条件を徹底活用して〟**、そして**〝制約条件以外のすべてを制約条件に従属させる〟**ために必要とされる手順です。インフォメーション・システムに、このステップ（コンピュータ化されたインフォメーション・システムにおいてはコード）がまず組み込まれていなければいけません。二番めのステップは、日々の業務の中で実際に発生している非定型なさまざまな〝ノイズ・レベル〟を抽出する手順です。この〝ノイズ・レベル〟のデータを使って、マーフィーの影響を最小限にとどめるために、適切な場所に置かれる保護能力を決めるのです。

では、少し例を変えてみましょう。これもよくある問題です。この場合も同じパターンが当てはまるかどうか確かめてみたいと思います。私たちは、**集中プロセスの5ステップ**がどんな場合にも適用できる包括的な手法だと考えていますが、そうであるなら、この場合も同じパターンが当てはまるはずです。

ある部品を現在、外部の業者から購入しているとします。しかしこの部品は、技術的には十分自社生産できる部品です。さて、この部品をこのまま外部調達し続けるべきでしょうか、あるいは自社生産に切り替えるべきでしょうか。この問いに対する〝コストワールド〟の答えは、実に馬鹿げています。コストワールドでは、この部品の〝製造原価〟を計算し、外部調達する場合の価格と比較するのです。自社生産コストが（従来の計算方法に基づき）一〇〇ドル、外部調達コストが八〇ドルだとしたら、どうなりますか。

もう、わかっていると思いますが、〝製造原価〟は単なる数学的妄想にすぎません。現実的な根拠を持たない数字なのです。簡単に実証することができます。データを追加して検証してみましょう。例えば、この部品を生産するのに必要な原材料の購入コストが四〇ドルだとしましょう。また、この部品の製造に必要な作業は、すべて非制約条件によって行われるとします。さてこの場合、外部調達コストは八〇ドル。一方、自社生産コストは……、そうたったの四〇ドルなのです。

どうやら、システムの制約条件を見つける必要があることは明白なようです。では、二番めの〝**徹底活用**〟ステップはどうでしょう。これまでは自社生産から外部調達へ切り替える例を多く見てきましたが、これはその反対の外部調達から自社生産への切り替えです。この決定は、この徹底活用の考えを用いたものです。そして三番めの〝**従属**〟ステップはどうですか。すでに二番めのステップにおいて決定が下されているので、このステップは何の影響もないと言われるかもしれません。

なるほど。しかしそれは間違っています。どうやら従属の概念について、もっと深く理解しなければいけないようです。これまでの集中プロセスの5ステップについては、第12章の例（製品P、製品

Q）を参考に説明してきましたが、ここで注意しなければいけないのは、この例ではノイズ（雑音）、つまり不確実性が存在しないということが基本的な前提になっていたことです。覚えているかもしれませんが、これには理由があります。インフォメーションが得られないのはデータが不確実だからという、よくある言い訳を言わせないためです。これはノイズを遮断するには非常に都合のいい方法なのですが、従属のメカニズムを深く理解するうえでは大きな障害になっています。

〝従属〟ステップにおいては、強度の高い輪のほうへ注意が向けられます。一本の鎖には、強度がいちばん低い輪が一つしかないことはもうわかっています。しかし、どうして一つだけなのでしょうか。従属変数と統計的変動を含むシステムであれば、必ずそうなるのです。はっきりと証明することができます。材料が製造過程全体において、二つ以上の物理的制約条件を通過すると、予定されているスループットは得られず、在庫は無限に増加してしまうことになるのです。

言い換えれば、相互に影響し合うような制約条件は、複数あってはいけないのです。となると、それ以外のすべての輪は、どれも予想される負荷よりキャパシティが大きくなければいけないということになります。なるほど、論理的でもっともです。しかしもっと簡単で、直感的に理解できるような理由はないでしょうか。数学的にそういうことなのだと証明されてしまえば、「はい、そうですか」と納得せざるを得ないのでしょうが、しかし、疑問はまだ残ります。なぜ、いちばん弱い輪は一つだけなのでしょうか。もしかすると、その答えは好まれざる客マーフィーにあるのかもしれません。

これまで学んできたことをもとにして考えてみましょう。まず、システムの制約条件はすでに見つかったとします。次に、この制約条件を徹底的に活用します。制約条件を少しでも無駄にしたら利益が損なわれ、一度失われた利益は取り返すことができません。しかし、ここでマーフィーの存在を忘れてはいけません。もしマーフィーが制約条件を直撃するようなことになれば、それこそ大変です。その場合は運が悪かったと諦めるしかないでしょう。ですが、もしマーフィーが制約条件に作業を供給するリソースの一つを襲ったとしたらどうでしょうか。同じように運が悪かったと諦めるしかないのでしょうか。

いいえ、その場合でも制約条件は徹底的に活用します。マーフィーが襲ってくる前に、制約条件の前に在庫を準備しておけばいいのです。いい考えだと思いませんか。スループットを守るために必要な在庫なのですから、負債と見なす必要はありません。マーフィーが存在する限りは、いくらかの在庫が必要なのです。

しかし、在庫だけで十分でしょうか。在庫を用意するだけでスループットを守ることができるのでしょうか。マーフィーが発生した場合も、続けて制約条件を徹底活用すれば、当然、制約条件の前に用意してある在庫は減っていきます。するとどうなるでしょうか。マーフィーはたまにしかやってこないとは限りません。もし、マーフィーがさっき攻撃した非制約条件をもう一度襲ってきたとしたらどうなるでしょう。制約条件への材料の供給がストップして、スループットが失われる危険性があります。

ですから、制約条件の前に新たに急いで在庫を補充しなければいけません。マーフィーがまた襲ってくるまでに在庫を築かなければいけないのです。しかしそのためには、非制約条件は制約条件より早いペースで材料を加工しなければいけません。制約条件が作業に必要とする量を供給し続けるだけではなく、マーフィーの来襲に備えて、在庫もまた築かなければいけないからです。ということは、統計的変動が存在する限り、制約条件を徹底活用するためには、制約条件以外のすべてのリソースは、制約条件よりキャパシティが大きくなくてはいけないという結論に必然的に達するのです。

もっとわかりやすく説明しましょう。例えば、制約条件に材料を供給しているリソースの一つに予備のキャパシティをまったく持たないリソースがあるとしましょう。このような場合、制約条件を徹底活用する、つまり制約条件を止めることなく働かすには、制約条件の前にどの程度の在庫を準備しておく必要があるでしょうか。仮にマーフィーがこのリソース、あるいはこのリソースに材料を供給している別のリソースを襲ったとします。この場合、制約条件は準備されている在庫を少しずつ消費していきますが、マーフィーに襲われたリソースには、予備のキャパシティがないのですから消費された在庫を補充することはできません。保護レベルは、永久に低くなってしまうのです。そして、マーフィーが再び襲ったとします。在庫の保護レベルは再び低下します。そして、またマーフィーが襲ってくる。これを繰り返すといったいどういうことになるでしょうか。マーフィーは永久になくならず、いつかまた襲ってくるとしたら、制約条件の前にいったいどれだけの在庫を予め築いておかなければいけないのでしょう。もう、おわかりでしょう。もし鎖の中にもう一つ別の制約条件（予備のキャパシティを持たないリソース）があるすると、制約条件を一つ徹底活用するだけでも在庫が無限に必要になってくるのです。

制約条件には、自らを保護する予備キャパシティはありません。ですから、制約条件の前に在庫を築くことと、制約条件に作業を供給するリソースに予備キャパシティを持たせることで、制約条件をマーフィーから保護しなければいけないのです。この二つの条件（在庫と予備キャパシティ）は、お互い相反する面があります。制約条件に材料を供給するリソースの予備キャパシティが小さければ、制約条件の前に置く保護在庫の量は逆に多く必要とされます。さもなければ、制約条件への材料の供給がストップしてしまい、会社全体のスループットが損なわれることになりかねません。もし、いずれかのリソースが予備キャパシティをまったく持たない場合は、その下流に位置する制約条件の前に必要とされる在庫のレベルは無限大になってしまうのです。

つまり、もし一本の鎖に強度のいちばん低い輪が複数あるとすると、その鎖全体の強度は、いちばん弱い輪と比べても著しく低くなってしまうのです。そのような鎖は現実にはすぐに崩壊してしまいます。相互に影響し合うような制約条件を複数持つシステムは、現実の厳しい環境においては瞬間的には発生しても、長くは存在し得ないのです。

生産に必要とされるキャパシティを上回るキャパシティは、以前は無駄だと考えられてきました。しかし、いまの説明からもわかるように、キャパシティを論じる際は、キャパシティを二つ、いや三つに分けて考える必要があります。まずは生産キャパシティ、つまり需要を満たすために実際に生産に用いられるキャパシティです。二つめは保護キャパシティ、つまりマーフィーの来襲に備えて用意しておかなければいけないキャパシティです。制約条件だけが、この保護キャパシティを持たないのです。そして生産キャパシティ、保護キャパシティのあとに残ったキャパシティが余剰なキャパシティということになるのです。

では、ある部品を外部調達から自社生産に切り替えたとすると、どのような影響があるでしょうか。たとえ、その部品を生産するのに用いられるリソースがすべて非制約条件だったとしても、場合によっては思わしくない影響をもたらすことがあります。例えば、その部品を生産するために、ある非制約条件の時間を用いるとしましょう。しかし、この非制約条件には現時点では余剰キャパシティがありません。ということは、もしこの非制約条件に負荷が追加されると定義上、そのリソースの保護キャパシティは減っていくことになります。このような条件下では、制約条件を守るために、仕掛り在庫や完成品在庫の量を増やしておく必要が生じます。新たに自社生産することにした部品だけでなく、これと同じ工程を通過する部品すべての在庫を増やさなければいけなくなるのです。

これは、まったく新しい問題です。これまでの議論の中ではまだ議論していない問題です。いいでしょうか、第12章で紹介した例では、スループットと業務費用への影響のみを考慮しました。しかし、それだけでは不十分なのです。在庫も含め、三つの評価尺度すべてへの影響を常に考慮しなければいけません。〝従属〟ステップは、資材を外部調達すべきか、あるいは自社生産すべきか、確信をもって判断するためには不可欠な作業なのです。

さて、三つの評価尺度のうち、**在庫**が重要度の面で二番めに位置づけられるのは、スループットへの間接的な影響がその理由でした。しかし、もしある行動が会社にどのような影響を与えるのか（例えば、利益への影響だけをとってみても）、それを数量化して答えるには、在庫を無視することはできません。在庫がいちばん重要な要素であることも多々あるのです。

さらに、この〝保護キャパシティ〟を用いるにあたっては、大きな問題が一つ持ち上がります。保護キャパシティと通常の余剰キャパシティをどう区別したらいいのかです。あるリソースがアイドル状態、つまり止まっている時、保護キャパシティだから大丈夫なのか、あるいは無駄な余剰キャパシティなのか、どうやったら判断できるのかです。

この二つは、非常に重要なことです。これらを踏まえると、私たちが求めている**インフォメーション・システム**とは単に**制約条件を見つけて**これを**徹底活用する**だけではなく、会社で起きている実際の事象からマーフィーの影響がどの程度なのか、そのレベルを決定する手段も抽出することができなければいけないことがわかります。

この結論を踏まえたうえで、いったいどのようなインフォメーション・システムを構築したらいいのか、その構造についてそろそろ具体的な議論を始めましょう。

19 必要なデータは、どこから得られるのか

さて、次にやらなければいけないのは、インフォメーション・システムが何によって構築されるのか、その構成要素を理解することです。

では、まずいちばん上位の要素は何でしょうか。言うまでもありません。インフォメーション・システムと呼ばれるに相応しいシステムなら、本書の中でこれまで列挙してきたような、さまざまな〝WHAT IF〟（もし仮に〜だったら）の問いに答えることができなければいけません。私たちが求めているのは、そうした答えなのです。想像してみてください。こうした質問に信頼に足る答えを次々と出していくことができるとしたらどうでしょう。会社には、どのような影響が期待できるでしょうか。特に、いま現在、間違った答え、正反対の答えばかりを出していることを考えれば、いったいどのような効果が期待できると思いますか。

しかし、そのためには、もちろん〝WHAT IF〟だけでは用は足りません。他にも必要な要素はあります。〝WHAT IF〟に必要なデータは、単純にどこかに用意されているわけではないのです。ただし、どのようなデータが足りないのか、それを理解するには、これまでの議論を振り返ってみるだけで十分です。不足しているデータには二種類ありますが、まずはこれを分けるところから始めてみましょう。

一つめのデータは言うまでもありません。何が、制約条件かです。現在の制約条件が何か、そして将来何が制約条件となり得るのかを知るための手順を構築しなければいけません。さらには特定の行動をとった場合、つまり〝**WHAT IF**〟の中からいずれかの選択肢を選んで実行した場合、次に何が制約条件になり得るのか、そこまで判断できなければいけません。

前にも述べましたが、制約条件は必ずしも物理的なものとは限りません。多くの場合、方針が制約条件になっていることがあります。しかし、**インフォメーション・システム**では物理的な制約条件にのみ集中し、破滅的な方針制約を引き起こすような愚行に走ってはいけません。

では、どうすれば制約条件を**見つける**ことができるでしょうか。まずは、製品P、製品Qの例に出てきたリソースBのように、制約条件が生産過程の先頭にくることもあります。また、製品Pのマーケット・ポテンシャルの場合のように、すでに他に制約条件が見つかっていて、それを〝**徹底活用**〟してから初めて見つけることのできる制約条件もあります。さらには従属ステップを完了してからでないと見つけることができない制約条件もあります。十分な保護キャパシティを持たないリソースの場合はたいていそうです。

このことから考えても、すべての制約条件を同時に見つけることができないことは明らかです。すべての制約条件を同時に見つけることのできるような包括的なステップはないのです。段階を踏んで一つずつ見つけていかなければなりません。集中プロセスのステップ1〜3を繰り返して、一巡するたびに制約条件を一つずつ見つけていくのです。ただし、制約条件の数は非常に限られています。ですから、繰り返すといっても、膨大な負荷を求められているわけではありません。

制約条件の中には、すでに確認されている制約条件を徹底活用して、これに対する従属ステップを実行してからでないと見つけることのできないものもあります。もしそうであるなら、前述の反復プロセスを実際に行うことなく、これらの制約条件を見つけるには、将来何が起こるのか、これをシミュレーションするしか方法はありません。

非常に重要なポイントです。つまり、**現在**の制約条件でさえ、これを見つけるには**将来**の行動をシミュレーションしなければいけないということになります。ということは、制約条件を見つけるためには、インフォメーション・システムに将来の行動をシミュレーションする能力がなければ備えられていなければいけないということになります。いわゆるスケジューリングです。つまり、**スケジューリング機能**が**インフォメーション・システム**にとっては重要不可欠ということなのです。

信頼性の高いスケジュールを体系的に構築する――これは、以前からずっとみんなが求めてきたことです。そうです、**スケジューリング**がインフォメーション・システムの構築に欠かせない一要素であることは間違いありません。"WHAT　IF"にとっても、前提条件となる不可欠な要素なのです。

これだけ聞くと、何かまた大きな負担を強いられるような気がするかもしれません。私たちが目指しているのは、企業マネジメントに関わる問いに対し適切な答え、判断を下せるようになることです。その過程で、信頼性の高いスケジュールを組み立てなければいけないという大きな壁にぶち当たったのです。しかし、考えてみれば、そう驚くこともありません。生産プロセスに「何を投入すべきか」、「いつ投入すべきか」、「どれだけの量を投入すべきか」といった問題は、長年、企業マネジメントが抱えてきた問題です。いまに始まったことではありません。簡単に言えば、「誰が、何を、いつ、どれだけ行うべきか」ということなのです。つまり、**スケジューリング**なのです。

スケジューリングとは、実は、企業マネジメントの問いに対する答えを列挙したリストなのです。それこそ、インフォメーションに他ならないのです。では、このインフォメーションを構築するには意思決定プロセスが必要とされるでしょうか。覚えていますか。この質問は、何がインフォメーション・システムで、何がデータ・システムかという質問と同じです。

質問の仕方を変えてみましょう。意思決定プロセスなしに、信頼に足るスケジュールを作成することができるでしょうか。答えはノーです。周りを見回してみればわかることですが、信頼に足るようなスケジューリング・システムを持っている人などどこにもいません。単に、データを掻き集めて用意しておけばいいというものではないのです。では、どうしてでしょうか。それは、これまでのシステムが間違った意思決定プロセスに基づいているからです。

使えるスケジューリング・インフォメーションがないのは、これまで誰も本気で努力したことがないからでしょうか。いえ、そうではありません。これまで、どれだけのお金と時間、それに労力が費やされてきたのか、そして、現在もどれだけのお金がＭＲＰ（Material Resource Planning）システムの導入、管理に投資されているのかを考えるだけでもわかるはずです。

ＭＲＰシステムが導入されることになったもともとの理由は、スケジューリングです。いまもそれは変わっていません。私の知る限り、ただデータベースをつくるためだけにＭＲＰを導入した会社など一つもありません。今日、製造業においては非常に多くの企業がこうしたシステムを導入していいます。すでに複数回、導入している企業もあります。ソフトウェアやハードウェアの購入コスト、それに多額の導入コストだけでなく、一〇〇パーセント正確とは言いがたいデータのメンテナンスにかかる途方もない維持コストを合わせれば、何十億ドルという、とてつもない金額になるはずです。これだけのお金を費やしたにもかかわらず、依然信頼に足るスケジューリングが得られないというのは、努力が足りないということだけではないはずです。

この辺でいいでしょう。いいでしょうか、好むと好まざるとにかかわらず、企業マネジメントの問いに対し適切な答えを得たいと望むなら、信頼できるスケジューリングとは何なのか、この問題を解いていかなければいけません。**スケジューリング**が、インフォメーション・システムの基本的な構成要素の一つであることは間違いありません。しかし、それだけで用が足りるわけではありません。他にも必要とされる構成要素があるのです。

これまでの議論からもわかるように、企業活動においてマーフィーが演じる役割は非常に大きな重要性を持っています。前章を読み返せば、スループットを維持するために在庫や保護キャパシティが必要なのは、マーフィーにその理由があることが確認できます。では、マーフィーは、どうすれば測定することができるのでしょうか。

個別のリソースごとにそれぞれの不確実性を測ることも考えられますが、それは膨大な作業になるばかりでなく、理論的にも不可能です。計測に必要なデータを十分集めるにはたいへんな時間がかかり、そんなことをしている間に、またそのリソースを取り巻く状況や環境が変わってしまうからです。唯一可能な方法は、個別のリソースごとではなく、システム全体としてマーフィーがどのような影響を及ぼすかを考えることです。

では、マーフィーから何を保護しなければいけないのでしょう。制約条件です。制約条件の前には在庫が準備され、もし制約条件の上流で何かトラブルが発生したとしても、制約条件を止めることなく継続して徹底活用することができます（方針制約が一つも存在しないと仮定すると、ほとんどの場合、市場が物理的な制約条件になっていることを思い出してください）。また、制約条件に作業を供給する非制約条件には、マーフィーの攻撃の後に在庫を補充するための保護キャパシティが備えられていなければいけません。マーフィーが再度襲ってくる前までに、在庫を十分なレベルにまで回復させなければいけないからです。

マーフィーが来襲して、システムにダメージを与える。その全体的な影響がどこに集中するのか、それはもう明らかです。制約条件の直前に蓄えられた在庫です。これが、**バッファー・マネジメント**と呼ばれる手法の論理的な根拠となっています。

〝バッファー・マネジメント〟——また新しい言葉の登場ですが、ここでは、この手法について話をあまり広げすぎないようにしておきましょう。いや、インフォメーション・システムの構造について確固たるイメージができあがるまでは、バッファー・マネジメントに限らず、いかに面白そうな手法、いかに重要な手順であっても個別の議論は差し控えましょう。さもなければ、いつまでたっても本題の目標が達成できません。インフォメーション・システムの全体的なフレームワークができあがってから、必要に応じてその都度それぞれの手法、手順について議論を展開していけばいいのです。

しかし、だからといって、ここで**バッファー・マネジメント**についてまったく何も触れず、そのままというわけにもいかないでしょう。名前だけ言ってそのまま立ち去るというのはどうもフェアではありません。何の説明も受けず残された人にとっては、いったい何だったんだろうと釈然としない気持ちだけが残ってしまうだけです。もう一つ、実はこの理由のほうがもっと重要なのでしょうが、これからの議論の中でバッファー・マネジメントに関する記述が時折出てくるかもしれません。その際、ある程度、基本的な知識がなければ、混乱が生じてしまうかもしれません。ですから、バッファー・マネジメントについては章をあらためて説明することにしましょう。

20 タイム・バッファーの概念を導入する

それでは、話をバッファーに戻しましょう。制約条件の前に在庫のバッファーを築く必要があると説明しました。ですが、もしかしたら少し慌てすぎかもしれません。言いたいことは、制約条件を徹底活用する能力を守らなければいけないということです。さて、この二つは同じことでしょうか。いえ、必ずしもそうとは限りません。物理的な制約条件はなにもリソースだけとは限らないからです。市場が物理的制約条件になっている場合もあるのです。具体的に言えば、顧客からの注文です。

なるほど、しかし、それがどうだというのですか。

マーフィーが発生しても、顧客の注文を納期どおりに納入するには、やはり完成品の在庫を蓄えておくしか方法はないのではないでしょうか。違いますか。

いいえ、そうとは限りません。例えば、一定の期日までに製品を納入すると顧客と取り決めたとします。納期に遅れるようなことは許されませんが、一方、納期より早く納入すれば、顧客はとても喜んでくれます。必ずしもそうとは限りませんが、よくある話だと思います。このような場合、つまり納期より早く納入する自由が与えられている場合、完成品の在庫を蓄えておくことだけが納期を守る唯一の方法でしょうか。

質問の仕方からも、もう気づいていると思いますが、納期を守るには在庫を蓄えておくだけでなく、時間を利用することもできるのです。つまり、納期から通常のリードタイムを差し引いて計算したスタート日より早めに作業を開始すればいいのです。早めに開始すれば、たとえ予期せぬトラブルが発生したとしても、これに対応する十分な時間を確保することができ、納期どおりに納入することができるのです。もちろん何もトラブルが起きなければ、納期より早めに注文を完成させることができます。結果は、完成品の在庫を蓄えることではなく、顧客へ納期より早めに製品を届けることなのです。

いまの説明を、もう一度考えてみましょう。ただ言葉で遊んでいるように聞こえて、なにか釈然としない気がしていることでしょう。いいでしょうか。制約条件を保護するには、もちろん在庫を用意して守ることもできますが、先の説明のように、作業を早く開始する、つまり時間によって保護することもできるのです。時間と在庫、この二つは同義語ではありません。でも、皆さんには、きっと同じことのように聞こえているに違いないでしょう。

どうしてでしょうか。どうして、釈然としないのでしょうか。顧客が、納期より早く納入することを許さないこともあるからでしょうか。その場合は、制約条件を保護するには、やはり完成品の在庫を築くしかありません。明らかです。では、在庫はどうやって築きますか。リードタイムより、早めに作業を開始するのです。ということは、在庫で保護する場合も、時間で保護する場合も、実際の行動はまったく同じだということになります。制約条件を保護するために、どちらの場合も作業を早めに開始するのです。となると、在庫で保護する、時間で保護する――この二つは異なる保護メカニズムなのでしょうか、それとも同一のメカニズムなのでしょうか。

それを確かめるために、もう一つ別の例を考えてみましょう。あるリソースが制約条件になっているとします。やはり直感的には、リソース制約の場合がいちばんわかりやすいと思うので、この例を使いましょう。この場合、まず制約条件の前に保護在庫が準備されていなければいけないことは言うまでもありません。しかし、どうすれば保護在庫をきちんと準備することができるでしょうか。工場を考えてみてください。同じ一つの制約条件を異なるたくさんの製品が通過する状況を想像してみてください。在庫を築く方法は、これまでと同じです。やはり、リードタイムに必要とされる時間よりタスクの作業を早く開始するのです。

在庫で保護する場合も、時間で保護する場合も、実際に必要とされる行動から判断する限り、同じことのように思われます。どうしてでしょうか。それは、この二つの保護メカニズムが同時に存在しなければいけないからです。そうなのです、これは二つの異なるメカニズムではなく、同一のメカニズムなのです。異なる二つのメカニズムに見えるのはあくまで観点の違いによるものです。何を保護しようとしているのか、その見方が違うのです。一つは制約条件、もう一つは制約条件のアウトプット、つまり顧客の注文という異なる観点から見ているのです。

制約条件を保護するという観点から考えれば、当然、制約条件がアイドル状態にならないよう、つまり制約条件を休みなく作業し続けさせることに、私たちの注意は向けられます。その場合に使われる言葉は**在庫**です。ここでは在庫の中身が何なのか、それは関係ありません。しかし、考えてみてください。制約条件からのアウトプットを保護することがなければ、〝制約条件を保護する〟という言葉には何の意味もなくなってしまいます。そこで今度は、制約条件のアウトプット、つまり顧客の注文に目を向けます。そうすると、今度は必然的に**時間**という言葉が使われるのです。

先に述べたとおり、制約条件を保護することと制約条件のアウトプットを保護することは基本的には同じことです。そのため実際に求められる行動が同じだとしても、つまり両者とも作業を早く開始するのだとしても少しも不思議なことではないのです。しかし、これからの議論の中ではどちらの観点、つまり在庫、時間のどちらの言葉を用いて話を進めていけばいいのでしょう。どちらでも構わないような気もしますが、少し気をつけてください。これまでに何度も学んできたことですが、任意に選択するのは理解がまだ十分でない証拠です。ですから、ここで慌てて間違った選択をしてあとで後悔しないよう、もう少し時間をかけて考えてみましょう。

制約条件を保護するという観点からすれば、必然的に在庫という言葉を使って保護メカニズムを考え、そして在庫の中身が何なのかは関係ないと前述しました。なるほど。しかし、本当に在庫の中身は関係ないのでしょうか。少しばかり怪しいと思いませんか。では、もう少し詳しく考えてみましょう。〝制約条件を保護する〟――この考えは、いったいどこからやってきたのでしょうか。実は、これは集中プロセスの二番めのステップ **〝制約条件を徹底的に活用する〟** の省略形なのです。もうわかりましたか。

制約条件を徹底活用することが、ただ制約条件を休ませることなく続けて働かせることを意味するのであれば、在庫の内容が何であろうとそれは関係ありません。ですが、違うのです。制約条件を徹底活用するということは、制約条件を休ませることなく続けて働かせることではなく、予め定められた目標、つまりゴールに照らし合わせて制約条件から最大限の成果を得ることを意味するのです。製品P、Qの例からも学んだことですが、制約条件を働かせるいちばんの鍵になるのは、どの仕事、作業を制約条件にやらせるのかということです。**〝徹底活用する〟**という言葉が〝制約条件を休ませることなく続けて働かせる〟という意味になるのは、生産する製品が一つだけの場合に限られるのです。

制約条件がどの作業、仕事を行うのか、これは非常に重要なことです。ですから、その保護メカニズムは**時間**で表されなければいけません。選択肢はもう与えられません。直感的に考えればすぐにわかることですが、時間を観点としたほうが、製造だけではなく他の分野への応用を考えた時に、より包括的に対応できるのです。私たちの議論は、プロジェクト、設計、総務などの業務、それからサービス業は言うまでもありませんが、これらすべての分野に及ぶものです。どれも予め定められたゴールを達成するためにリソースを用いてタスクを遂行します。しかし、製造以外の環境では、在庫はしばしば目に見えるものではありません。これに対し、**時間**はどのような環境においても容易に理解できるのです。

これで保護の単位として**時間**を用いることが決まりました。ですから、今後バッファーという言葉を用いる時は、常に**タイム・バッファー**を意味することとします。マーフィーが存在せず、何のトラブルも発生しないという前提で作業を開始する通常のスタート時間より、どれだけ早めにタスクを開始するのか、その時間的間隔がバッファーなのです。バッファーは時間、日数、月数で表されます。

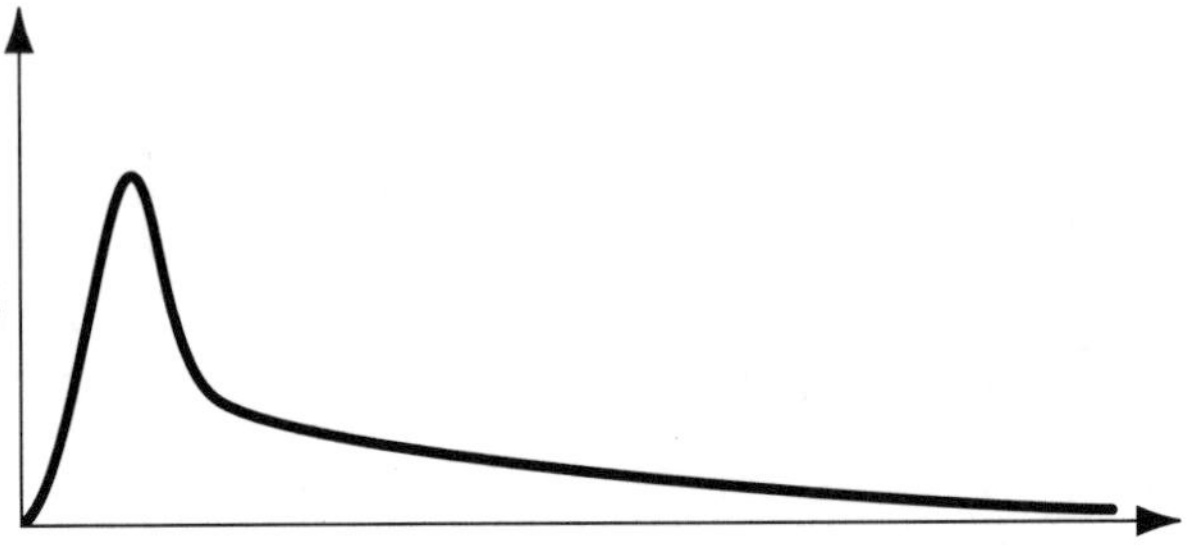

図2　特定のリソースにおけるトラブル解消の確率と解消に要する時間

では、何がバッファーの長さを決定するのでしょうか。

タイム・バッファーは、未知のトラブル、問題に対する保護です。未知と言っても、トラブルが発生するのかどうかわからないという意味ではありません。発生するのは、ほぼ間違いありません。わからないのは、いつ、どこで起きて、どのくらい続くのかということです。確率の問題なのです。ですから、どれだけのタイム・バッファーが必要なのかを正確に予測することは不可能です。たとえ、どれだけのお金と時間をかけて統計的なデータを集めたとしても、確率以上のことを求めるのは無理なのです。それを表したのが、図2に示すような確率曲線です。トラブルが五分続くのは二〇パーセント、二日続くのは一パーセントといった確率を示します。

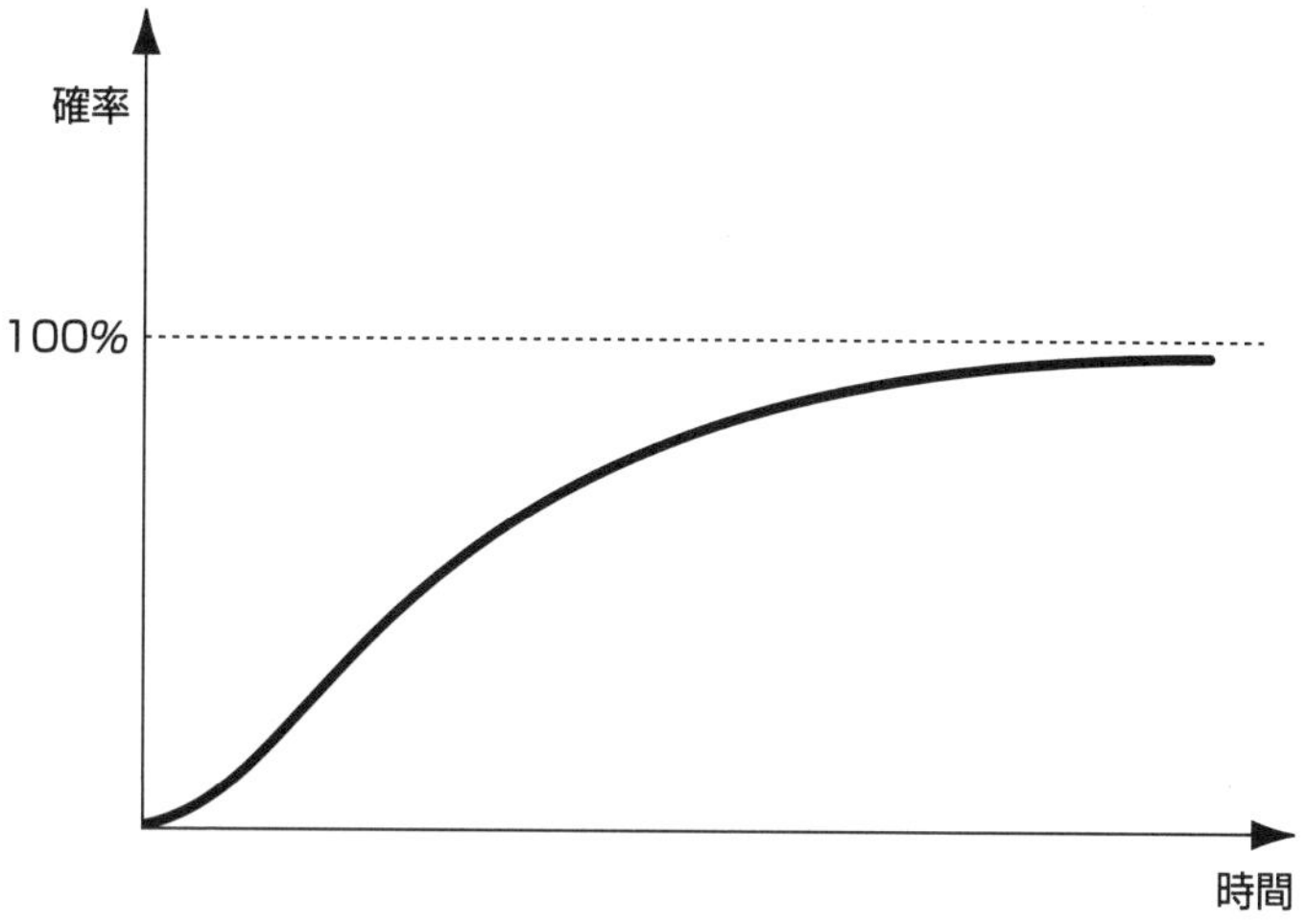

図3　複数の工程を介してタスクを完成する確率とタスク開始からの時間

　このようなグラフを観察することで、私たちは多くを学ぶことができます。一定の時間内にトラブルを解決する確率がどの程度なのか知ることができるのです。複数の作業を介するタスクを完成させるのに要する時間に、これがどのような影響を与えるのかに注目すれば、さらに多くを学ぶことができます。図3は、タスクが完成する確率とタスク開始からの経過時間の関係を表したものです。この曲線は、決して確率一〇〇パーセントに達しません。時間が長くなればなるほどトラブルを解消する確率は高くなりますが、一〇〇パーセントには決して届かないのです。

　では、タイム・バッファーの長さはどのように決めたらいいのでしょうか。それは、あくまで決める人の判断によります。しかし、決して簡単でも些細な仕事でもありません。慎重には慎重を期して非常に長いバッファーを取るならば、たいていのトラブルには無難に対応できるに違いありません。しかし、その代償はいったい何でしょう。実際に必要とされる時期よりずっと早めに資材を投入するわけですから、リードタイムがとても長くなってしまうのです。仕掛り在庫と完成品在庫は膨れ上がり、その結果、これを補うためにより多くのキャッシュ（現金）が必要とされ、競争力はだんだん低下し、在庫の維持コストは高くなります。逆にバッファーが非常に短いと、顧客への対応は迅速になりますが、大量の督促作業に追われ、納期遵守率が下がってしまう危険性があるのです。

いいでしょうか、もう一度繰り返します。バッファーの長さを決めるには、根本的な経営判断が求められます。異なる評価尺度間でどれを優先するのか、いかにバランスをとるのかという判断です。バッファーを長くとれば、**在庫**（仕掛り品、完成品）の量に影響を及ぼします。その結果、将来の**スループット**と**業務費用**に間接的な影響が及びます。逆にバッファーを短くとれば、**業務費用**（督促や管理）と、現在そして将来の**スループット**（納期遵守率の低下）が影響を受けます。

いったい、誰がその判断を下すべきなのでしょうか。誰が**タイム・バッファー**の長さを決めるべきなのでしょうか。たいていの会社では、それは経営トップでもスケジューラーでもありません。フォークリフトの運転手が、タイム・バッファーの長さを決めているのが現実なのです。

タイム・バッファーの長さをどの程度にするのか——その判断は会社全体のパフォーマンスに責任を負っている者に委ねられなければいけない。

21 バッファーとバッファー・オリジン

これまで見てきたように、詳細な統計データを集めたとしても、よりよい意思決定を行えるようになるわけではありません。前章で説明したように、バッファーを長く取れば、たいていのトラブルには対応できるようになりますが、仕掛り品や完成品の在庫が膨れ上がり、そのためにより多くのキャッシュが必要となって会社の競争力は弱まってしまいます。一方、バッファーを短くすると、リードタイムは短くなるものの、問題が頻発して督促に常に追われたり、納期遵守率が低下したりする危険性があります。では、このジレンマを減らすには、いったいどうしたらいいのでしょう。それは根本的な理由——制約条件を保護しなければいけないいちばん根本的な理由、つまりマーフィーと直接対峙することです。ところでマーフィーですが、よく観察してみると、実は二つの異なる種類のマーフィーがあることがわかります。一つは工具が壊れた、工員が欠勤した、あるいは生産プロセスに問題があってスクラップが生じたなどといった予期できないトラブルです。マーフィーを論じる際、私たちが思い浮かべるのは、たいていこの類のマーフィーです。このマーフィーを、私は〝ピュア・マーフィー〟（純マーフィー）と呼んでいます。しかし、個々のリソースではなく特定の製品の流れに注目してみると、もう一つ別の種類のマーフィーがあることに気づくはずです。

あるタスクが、十分な保護キャパシティを持つ非制約条件のリソースのところへ流れてきたとします。ところが、このリソースは他のタスクの作業中で忙しく、すぐにこのタスクの作業にはとりかかれません。そのため、このタスクのフロー、つまり流れはここで滞ってしまいます。このリソースの前で、前のタスクの作業が終わるのを待たなければいけないのです。組織で働く者なら、よく目にする光景でしょう。このような現象を、私は**非即時利用性**（Non-instant Availability）と呼んでいます。

その状況をもっとよく理解するために、リードタイムを決定する際に考慮しなければいけない時間について考えてみましょう。まず、タスクのリードタイムを決定する際は、予期せぬトラブルが起こることを想定したうえでリードタイムを決めるのがふつうです。つまり、マーフィーがリードタイム決定の最大の要因になっているということです。これに対し、タスクの実際のプロセスタイム（作業時間）はほとんどの場合、マーフィーがもたらす影響に比べればとるに足らないものです。製造業であれば、これを裏づけるデータはいくらでもあるはずです。

では、平均的な部品に実際どれだけのプロセスタイムが必要とされるのかを考えてみましょう。製品ではなく、部品のプロセスタイムです。製品に必要な部品を複数、並行して加工、組み立てるのです。あまり複雑な部品はダメです。いちばん平均的な部品を考えてみてください。それからバッチ全体を加工する時間を考えるのではありません。部品一つひとつを加工する時間を考えるのです。また、特別な作業を必要とするような場合以外は、バッチ全体が完成する前でも加工が済んだ部品から一つずつ次のステップに順に進めることができるとします。さて、飛行機や宇宙船の部品のような高度で複雑な部品でなければ、部品一つのプロセス・タイムは平均して一時間もかからないでしょう。半加工産業であれば、数秒ですむはずです。

では、このプロセス・タイムとこれらの在庫を保有する平均時間とを比較してみましょう。保有時間は、どのようにしたら求めることができるでしょうか。とても簡単です。仕掛り在庫や製品在庫の回転率を見ればいいのです。在庫の回転率なら、どんな会社でもだいたいの数字はすでにそろっているはずです。たとえデータが用意されていなくても、求めようと思えばすぐに求められるはずです。例えば、一年の回転率が一二回であれば、平均して約一か月保有している計算になります。先ほどの数字（おそらく分単位で表示）をこの保有時間（おそらく週単位で表示）と比べてみてください。実際のプロセス・タイムがマーフィーに比較すれば、取るに足らないことがわかるはずです。

タスクのリードタイムは、ほとんどマーフィーによって占められています。また**タイム・バッファー**は、制約条件による消費予定日よりどれだけ早めに資材を投入するのか、実務上この時間の間隔のことを指します。そして、リソースにおける実際の作業時間はほんのわずかなので、リードタイムを決定する際にこれに合わせていちいち修正する必要はないのです。

それでは、先ほどの二つのマーフィー（〝純マーフィー〟と〝非即時利用性〟）はどうでしょう。バッファーの長さを決めるうえで、どちらの比重がより大きいのでしょう。それは、私にもわかりません。つい最近まで包括的なインフォメーション・システムがなかったこともあって、現実においてこの二つを区別することは実務上不可能でした。いま現在でさえ、この問いに正確に答えるに十分な実経験は、私たちにはありません。これは、あくまで私個人の意見ですが、おそらく両者の比重は同程度と思われます。しかし本当にそうなのか、それは時間が経ってみなければわからないことです。

制約条件の保護を測る単位として、**在庫**ではなく**時間**を用いる——そんなごく当然と思えることに、では、どうしてこんなに時間をかける必要があるのでしょう。しかし、なにか釈然としないことはありませんか。私たちの直感に反していることはないでしょうか。ふつう、私たちはバッファーと聞けば、何か物理的なものを思い浮かべます。「バッファーはどこに置かれているのか」「バッファーにどれだけの在庫が蓄えられているか」などといった質問を聞いても、誰も違和感を抱いたりはしないでしょう。しかし、これから先も、このような表現を使うことができるのでしょうか。いえ、できません。

バッファーが時間で表されるのなら、もはやバッファーの位置や中身といった観点から論じることはできません。時間には位置や中身がないからです。そのため、作業を早めに開始することでどこに在庫が蓄えられるのか、その場所を指し示す別の新しい表現が必要になってきます。

どうしてでしょうか。理由は二つあります。一つは、在庫が蓄積する場所が非常に重要だからです。そこを観察すれば、マーフィーがシステムに及ぼす全体的な影響を測ることができるからです。

二つめの理由は、バッファーの用い方ではなく、バッファーを計画にいかに織り込むのか、そのプロセスに関するものです。これまで説明してきたように、**バッファー**は時間の間隔です。この間隔をどのようにして時間軸にのせることができるのでしょうか。

少し考えてみれば、すぐにわかります。方法は一つしかありません。バッファーは、制約条件のパフォーマンスを保護するために置かれます。ですから、制約条件が特定の時間に、あるタスクの作業に取りかからなければいけない時、その時間よりバッファー分だけ早めに必要な〝資材〟を投入しなければいけないのです（ここで〝資材〟と引用符で囲っているのは、資材がいつも物理的なものとは限らないからです。製図であったり、また設計開始の許可だったりするのです）。

〝資材〟の投入日を決めるには、制約条件の消費開始日よりバッファーの時間分、前にさかのぼるといま説明しましたが、このようにして、バッファーで表される時間を生産計画に埋め込んでいくのです。言い換えれば、〝資材〟の投入スケジュールを決定するには、タイム・バッファーの時間分を制約条件の作業計画の前につけてやればいいのです。

時間軸で考えてみると、制約条件による資材消費開始時がタイム・バッファーの起点、つまり**オリジン**（Origin）となります。タイム・バッファーは、このオリジンから時間の流れとは逆向きに伸びる形になります。しかし、ここでいま私たちが議論しているのは物理的な制約条件だけです。方針制約の場合は、バッファーを用意するのではなく、方針を変えたり撤廃して能力を高めてあげなければいけません。物理的な制約条件の場合は、リソースであろうと注文であろうと、必ずそれには場所がありまます。この場所（制約条件が資材を消費する場所）のことを**バッファー・オリジン**（Buffer-Origin）と、私たちは呼びます。この概念を用いることで、時間で表されるバッファーと、保護在庫が蓄えられる物理的な場所とを概念的に結びつけることができるのです。

話題を変える前に、もう一つ考えなければいけない重要なことがあります。一つの会社には、何種類の**バッファー**、そして**バッファー・オリジン**があるかということです。

これまでの議論からも明らかなことですが、バッファー・オリジンにはいくつか種類があります。物理的な制約条件には、種類が異なる制約条件が複数あるからです。まず、リソースが制約条件になっている場合、その作業が停止しないようにこのリソースを保護してあげなければいけません。そのためには**リソース・バッファー**（Resource Buffer）が必要になります。リソース・バッファーのバッファー・オリジンは、このリソースの直前に置かれ、ここには仕掛り在庫が蓄えられます。

また、納期どおりに納入できるよう、市場制約も保護しなければいけません。そのためには**出荷バッファー**（Shipping Buffer）が必要です。この場合のバッファー・オリジンは、搬出ドッグや製品の倉庫ということになります。ただし、納期より早めに納入することが認められている場合は、出荷バッファーのバッファー・オリジンに必ずしも製品在庫が置かれている必要はありません。そこには、納期より早く出荷された注文の記録が残っているのです。

さて、バッファーはこの二種類だけでしょうか。いえ、もう一つ別のバッファーがあります。これもちゃんと紹介しておかなければいけないでしょう。**組立バッファー**（Assembly Buffer）と呼ばれるバッファーです。例を使って説明しましょう。制約条件となっているリソースが組立工程に部品を一つ供給しているとします。この組立工程では、この部品と非制約条件によってのみつくられる別の部品とを組み立てて製品をつくります。さてこの場合、非制約条件からの部品が遅れて、制約条件からの部品が組立工程の前で待機するようなことがあってはいけません。覚えていますか。制約条件は

徹底活用しなければいけないのです。基本中の基本です。

非制約条件からの部品が遅れたために、制約条件の作業をスループットに変換するのが遅れてしまう――これでは、およそ制約条件を徹底活用することにはなりません。制約条件からの部品が組立工程の前で待機しないようにするには、制約条件からの部品が届く前に他の部品をすべて用意しておかなければいけません。つまり、非制約条件の部品はすべて、早めに作業を開始しなければいけないのです。**組立バッファー**が必要とされるのは自ずから明らかです。では、バッファー・オリジンはどこに置かれるのでしょう。組立バッファーのバッファー・オリジンは、組立工程の前に置かれます。制約条件からの部品を用いて組立てを行う組立工程の前だけに限られます。そしてこのバッファー・オリジンに含まれるのは非制約条件からの部品だけです。

さて、これでバッファーについて基本的なことは説明しました。次は、もう少し広い観点から、インフォメーション・システムの二番めの基本構成要素（スケジューリング）がマーフィーをどう取り込んでいるのか、その構造について考えていきたいと思います。

22 バッファー定量化の第1ステップ

さて、バッファーに関する基本的な考え方については説明しました。その知識を今度は本来の目的、つまりマーフィーの定量化に用いるのです。そのためには、もう一度原点に戻ってみましょう。まずは、タイム・バッファーの概念をベースとするマーフィーに対する基本的なアプローチをはっきりさせるところから始めるのがいいでしょう。従来の伝統的なアプローチとも幾分異なるし、TQMが唱えるアプローチとも一致しません。見方によっては、その両方を混ぜ合わせたアプローチと考えることもできます。

それほど遠い過去のことではありませんが、当時のマーフィーへの対応は、マーフィーの存在を認識したうえで、ほとんどすべてのタスクに在庫と時間のバッファーを用意するというやり方でした。当然、製品在庫が山のように溜まっていたわけですが、その言い訳はいったいどんなものだったのでしょう。少しでも批判的な問い方をすれば、「明日、顧客から電話で緊急の注文が入ったらどうするんだ。在庫なしで、どうしろというんだ。顧客に、あと二週間待てと言うのか。そんなことをしたら顧客を失ってしまう」と攻撃的な答えが返ってきたに違いありません。

非制約条件を常時動かすのはやめたほうがいいと意見しても、同じような返事が返ってきたものです。こちらが本気だ、冗談でないと悟った時の、マネジャー連中の反応はどうだったでしょう。「機械が壊れたらどうするんだ」「今日は空き時間があるが、明日は何が起こるかわからない」などといった反応が返ってきたものです。事実、エンジニア、秘書、それからマネジャーにしてもみんな、自分の前にある程度仕事が溜まっているほうが安心するものなのです。

このようなアプローチは、非常に危険です。TQMが、執拗にこれを攻撃したのも頷けます。「マーフィーを認めてはいけない。マーフィーは神様の御業ではない。問題を排除することに集中するんだ」――これがTQMの主な主張です。さらには「初めから正しくやりましょう」と唱える者もいました。ただし、誤解しないでください。TQMでは、「間違いを絶対にしてはいけない」と言っているわけではありません。同じ間違いを何度も何度も繰り返さないようにと警告しているのです。プロトタイプが最初からちゃんと動くことなど、彼らも期待してはいません。従来の甘えた考え方を変えようとしているのです。同じようなバッチを何度も何度も繰り返して作業しているのに、毎回最初のいくつかの部品には決まったように不具合が発生する。それなのに、どうしていつも平静でいられるのか、と言いたいのです。

私たちもその意見にはまったく賛成ですが、私たちが選んだアプローチはこれよりずっと穏やかなものです。まず出発点が彼らとは異なります。マーフィーを排除することなど、現実には不可能だと私たちは考えるのです。マーフィーと闘うこと自体は非常に意味のあることですが、しかし惑わされてはいけません。マーフィーと闘うことはできます。また、マーフィーを少なくすることもできます。しかし、マーフィーを完全に消すことはできるでしょうか。

ですから、マーフィーが存在することを認識し、それを常に考慮するような管理体制をつくり上げていかなければいけないのです。それが、私たちのアプローチなのです。さらに、マーフィーを減らす努力は短期的で一過性のものではないことも頭に入れておかなければいけません。実はその正反対で、恒常的で長い闘いなのです。このマーフィーとの終わりなき闘いを賢明に闘い抜けるよう導いてくれる管理体制が、私たちには必要なのです。そのスタートとして、まずパレートのリストを用意できなければいけません。いまはどの問題に集中すべきか、次に解決しないといけないのはどの問題か、といった情報を常に用意できなくてはいけないのです。

では、考えてみましょう。マーフィーを品質の問題だけに絞ったとしても、一つの工場にはいったいいくつの問題があるのでしょうか。何百、いや何千でしょうか。おそらく何百万という数でしょう。ですから品質改善の努力は、よく吟味された最新のパレート・リストに導かれたものでなければ、効果がないのです。

どうすれば、そのような管理体制をつくることができるのでしょうか。実は、それほど難しいことではありません。これまでに学んできた概念を取り入れればいいのです。その概念を取り入れるだけで、自ずから正しい方向に導かれるのです。私たちは、この概念に自らをよく順応させ、同時に惰性にとらわれることのないように気をつけなければいけません。従来の古い考え方に根ざす惰性もあれば、根拠が十分でないにもかかわらず脚光を浴びる新しい動きから生じる惰性もあります。

バッファー──第20章、第21章で何度も説明を繰り返してきた概念ですが、これを用いていること自体、私たちのアプローチがマーフィーの存在をはっきりと認識していることを示しています。しかし、一つひとつすべてのタスクにバッファーを用意しなければいけないのでしょうか。いいえ、もちろんそうではありません。**バッファー・オリジン**が、それをはっきり示しています。どのリソースを保護すべきか、私たちは、本当に保護する必要のあるリソースだけを慎重に選んで保護するのです。

ところで、マーフィーを表現する方法ですが、よく引き合いに出されるものにはどんなものがあるでしょう。こんなのはどうですか。〝トーストがバターを塗った面を下にカーペットに落ちる確率は、どのくらいか――それはカーペットの値段に比例する〟。私たちはすべてのカーペットを汚れから保護しなければいけないのでしょうか。いいえ、たいていのカーペットなら簡単に汚れを落とすことができます。つまり、非制約条件なのです。

冗談はさておいて、**バッファー**および**バッファー・オリジン**の考え方の中で特に特徴的なアプローチは何でしょう。一つは、マーフィーの存在をはっきりと認めていることです。さもなければ、バッファーを築く必要などないからです。しかし同時に、バッファー容認にあたっては非常に慎重です。制約条件を保護するには、それなりの代償が必要なことを十分承知しているからです。在庫が増えれば、それなりのダメージがあります。ですから、バッファーがなければ、より重要なもの、すなわちスループットが失われる場合に限って、バッファーを容認するのです。

そのダメージを、このアプローチではできるだけ減らすよう試みるのです。思い出してください。タイム・バッファーの長さは、決める人の判断に委ねられます。タイム・バッファーを短くしたり長くしたりすることには、それぞれメリット、デメリットがあります。決めたタイム・バッファーの長さが、想定しているメリット、デメリットに対応する長さかどうか、いったいどうすれば確かめることができるのでしょう。例えば、決めたタイム・バッファーの長さが短すぎて危険ではないかどうか、これを確かめる何らかのメカニズムがきっとあるはずです。

リードタイムの確率性については第20章で議論しましたが、その説明を見ればどのような方法を用いるべきか明らかなはずです。図3は、何を示していましたか。もう一度グラフを見直してみましょう。タイム・バッファーの長さは、予め定められた一定の確率でタスクが定められた時間、あるいはそれ以前までにバッファー・オリジンに到着することを想定して決めました。もちろん、実際の作業開始日よりバッファー分だけ早めにタスクが投入されることが前提です。では、実際にはどういう状況になるのか、確認してみましょう。

予定された日にタスクを投入し、マーフィーの程度もおおよそ予想どおりだったとしたら、結果もだいたい予想範囲に収まるはずです。しかし、バッファー・オリジンに予想を上回る確率でタスクが届いていたとしたら、バッファーの長さを必要以上に長く見積もりすぎたということになります。この場合は、バッファーの長さを短くしてやる必要があります。その逆に、作業開始日になっても予想を下回る確率でしかタスクが届いていなかったとしたら、今度はバッファーをもっと長くしてやる必要があります。あまり気乗りのすることではありませんが、マーフィーによって遅れが発生するようなことがある限り、それがスループットを守るために払わなければいけない代償なのです。そうなると次は、いかにその代償を少なくすることができるかが問題になります。

いったい、どうすればスループット保護の代償を減らすことができるでしょう。会社に勤めたことのある人ならわかるでしょうが、タスクのリードタイムは長くなったり、短くなったり非常に柔軟性に富んでいます。通常のタスクなら一週間程度というところでしょうが、緊急を要するようなタスクの場合は、それだけ特別扱いして一日もかからずに仕上げることもできます。もちろん、すべてのタスクを督促することはできません。そんなことをしたら大混乱を引き起こしてしまいます。しかし、バッファーの長さを短くするために、特定のタスクだけを選んで督促することはできないでしょうか。

答えは、驚くまでもありませんが、イエスです。効率的に特定のタスクだけを選んで督促すれば、全体的なリードタイムを縮小することができます。どうすれば系統的にそんなことができるのか、図3を使って考えてみましょう。図3は、タスクのリードタイムの確率を表しています。制約条件を保護するには、タスクが時間どおりにバッファー・オリジンに到達する確率が高くなるよう、十分な長さを持ったタイム・バッファーを選ばなければいけません。図3を見ると、確率が高いところでは、その増加ペースは非常にゆっくりとなっています。確立を九〇パーセントから九八パーセントに増やすには、タイム・バッファーを倍近くの長さまで伸ばさなければいけません。

ここで、時間どおりにバッファー・オリジンに到達する確率がすでに九〇パーセントを超えているタスクに注目してみましょう。九〇パーセントというのはあくまで確率ですから、時間どおりに到達しないタスクが発生することもあるでしょう。こうしたタスクに手を貸してあげればいいんです。これらのタスクだけを督促すればいいのです。

確率が高くなればなるほど、その増加ペースは段々ゆっくりになっていきます。だからこそ、必要に応じて別枠で作業を急がせる必要があるのです。生産プロセスに積極的な役割を果たしたいのなら、作業開始予定日よりバッファー分を早めにタスクを投入するだけではなく、特定のタスクを選んで督促する必要があります。バッファー・オリジンに時間どおりに到達する確率がすでに九〇パーセントを超えているタスクに注目し、その中から、到達が遅れているタスクに手を貸してあげるのです。別枠で、作業を急がせるのです。そうすれば、これらのタスクのリードタイムは著しく短縮され、バッファー・オリジンに到達するのに長い時間を必要としなくてすむのです。逆に、比較的短い時間で到達することができるのです。

このような手法を用いれば、図3のグラフは確率の高い領域で異なる曲線を描くことになります。傾斜が、これまでよりきつくなります。つまり、こうした管理体制では、それほど長いタイム・バッファーを必要とせず、タスクが予定どおりにバッファー・オリジンに到達する確率が高くなるのです。では、どの程度のタスクを督促する必要があるでしょうか。これまで確率九〇パーセントという数字を任意に使ってきましたが、この数字をそのまま用いるとすれば、およそ一〇パーセントということになります。量としては対応できる範囲内です。このように、特定のタスクの作業を急がせる時間帯のことを**督促ゾーン**（Expediting Zone）と呼ぶことにしましょう。

もちろん、この場合もメリット、デメリットがあります。督促するタスクの数を少なくしたいのなら、作業に取りかかる時間を遅らせなければいけません。ということは、バッファーを長めに取らなければいけないということになります。つまり、在庫を少なくすれば業務費用が増え、逆に在庫を増やせば業務費用が減るのです。ただ、このような管理体制に切り替えることで、今日、予期せぬトラブルへの対応に必要とされている企業のマネジメント努力は大幅に軽減できることは間違いありません。たいていの企業では、タスクが遅れることをあらかじめ想定しており、その督促作業のためにある程度のリソースを用意しています。ですから、たとえこの管理体制を採用したとしても特に余計な負担を強いられるようなことはないはずです。逆に多くの場合、スループット保護のための代償を軽減することができるのです。

では、どうすればこの代償をさらに減らすことができるでしょう。誰かが画期的な方法を発明してくれない限り、マーフィーに真っ向から取り組むしか方法はないように思われますが、しかし、そんな知恵も工夫もないやり方はやめましょう。解決方法がわかっていながら、ただ真っ向から問題に体当たりして時間と労力を無駄したことが、これまであまりに多すぎはしなかったでしょうか。あとから気づいてみれば、本来解決すべき問題に少しも手をつけていなかったりするのです。私たちは、本当に保護を必要としている場所に保護を集中することに成功しました。では、今度はその保護の必要性を減らすための努力に集中してみてはどうでしょう。きっと何らかの方法があるはずです。

このまま諦めないで根気強く粘れば、解決すべき問題がはっきりと見えてくるかもしれません。バッファーの長さを管理するために、バッファー・オリジンを監視する努力はもう始めています。マーフィーの影響が、すべてここに集積して現れるからです。であれば、これまでのその努力をマーフィー対策として用いてみてはどうでしょう。必ず方法があるはずです。

23 局所的プロセス改善に努力を向ける

制約条件保護のための代償を減らすには、バッファー・オリジンにいちばん遅れてやってくるタスクに集中しなければいけないことはわかりました。一方、もともと予定より早くバッファー・オリジンに到着するタスクをもっと早く来られるようにしても、全体的なパフォーマンス改善にはまったく役立ちません。さて、これまでは遅れてやって来るタスクに個別に対応してきました。しかし、遅れてやって来るタスクに何か共通した原因があるとするなら、こうした共通因子に着目することで、さらに成果を高めることができるのではないでしょうか。

なかなか面白いアイデアだとは思いませんか。個々のタスクごとの努力から、バッファー・オリジンへ遅れてやって来るタスクに何が共通しているのか、その共通因子を探すのです。では、さっそくですが、到着が遅れているタスクを督促するには、実際にはどのような手順が踏まれるでしょう。まず最初に、どのタスクがバッファー・オリジンに到着している〝はず〟なのかを判断します。〝はず〟という表現は確率が高い、例えば九〇パーセント以上であるということを意味します。次に、実際にこれらのタスクがバッファー・オリジンにちゃんと到着しているかどうかを確認します。そしてまだ到着していないタスクがあれば、これらに対し督促作業を開始するのです。

その実際の作業は、まず最初に遅れているタスクがどこで止まっているのかを確認します。場所が確認できたら、そのタスクが先に進めるようすぐに手を貸します。しかし、ここでもう一つやってもらいたいことがあります。簡単なことです。どこで（どのリソースの前で）タスクが止まっているのかを記録しておくのです。遅れているタスクごとにこれを全部記録しておけば、どこでタスクがつかえていたのかを示すリスト、いわゆる要注意リソース・リストができます。なかには、何度も名を連ねるようなリソースもあるでしょう。では、何のためにこのようなリストをつくるのでしょう。

例えば、あるワークセンターに一つトラブルが生じたとします。その場合、このリソースを通過するほとんどすべてのタスクがおそらくその影響を受けることになります。あるいは、あるワークセンターでトラブルが発生してすべてのタスクに影響を及ぼす場合と、また別のワークセンターでトラブルが発生して、こちらはたった一つのタスクにしか影響を及ぼさない場合を考えてみてください。どちらのほうが重大でしょうか。どちらに対応することのほうが重要でしょうか。問題というのは表面的には異なる問題のように見えても、実は多くの場合共通した原因を抱えているものです。それがわかれば、リストに同じリソースが何度も出てきても、単なる統計上の偶然でないことぐらいは理解できるはずです。

要注意リソース・リストに何度も同じリソースが出てくるのは、そのリソースに、多くのタスクの問題に共通する原因があるからです。プロセスに欠陥があったり、段取りが不確かであったり、保護キャパシティが不足していたり、あるいは単にリソースがしっかり管理されていないからかもしれません。いずれにしても、個々のタスク・レベルで問題を処理するのではなく、リソース・レベルで根本的な問題に対応すれば、タスクが遅れる理由をある程度、取り除くことができ、タスクごとに何度も督促作業を繰り返さなくてすむのです。これだけでも、タイム・バッファーの長さは短くすることができます。要注意リソース・リストを用いて既存のＴＱＭやＪＩＴのプロセス改善に力を入れれば、タイム・バッファーの長さは少しずつではありますが堅実に短縮することができるのです。

ということは、タイム・バッファーは常に短縮されるということなのでしょうか。いえ、必ずしもそうとは限りません。例えば、スループットが増加すると（ほとんどの場合、リードタイムの短縮が理由なのですが）、生産プロセスへの負荷が増え、その結果、保護キャパシティが減少します。これを補うために、タイム・バッファーを長くすることが必要とされることもあるのです。ただし、〝より多くのお金を儲ける〟というゴールを忘れず、適切な方法をもってすれば、たとえ在庫レベルが増減したとしても、それは適切な管理下のもとの変動なので心配することはありません。

私たちは、この要注意リソース・リストをより充実させるために、さらに努力を重ねなければいけません。問題を見つけるのに要する時間はたいてい、その問題を取り除くために要する時間、労力に比べればずっと短いはずです。ですから、問題を早め早めに見つける努力が必要なのです。作業の遅れているタスクがどこで止まっているのかを記録して要注意リソース・リストをつくらなければいけないと言いましたが、そのような受身の努力だけで満足していてはいけません。要注意リソース・リストに載る一歩手前のタスクにまで、目を光らせなければいけないのです。まだ督促作業を必要としていないタスク、まだ時間がたっぷり余っているタスク、そして時間どおりにバッファー・オリジンに到着する確率は高いが、しかしまだ到着していないタスクなど、こうしたタスクに対しても監視の目を光らせ、注意を怠らない努力が必要なのです。では、どのくらいの努力が必要なのでしょうか。度を過ぎた努力は必要ありません。適度なレベルに抑えるために、バッファー・オリジンへ到着する確率が六〇パーセントを超えているすべてのタスクを監視することとしましょう。しかし、まだ督促作業は行いません。タスクが止まっているのが見つかったら、どのリソースのところで止まっていたのかをリストに付け加えるのです。

このように監視範囲を広げることで集計データが増えるだけでなく、その質も向上させることができます。多くのタスクの場合、遅くまで待ってから（例えばバッファー・オリジンへの到着の確率が九〇パーセントを超えてから）注意しても、遅れの原因となっているリソースのところでタスクを見つけることができるとは限りません。その時は、すでに問題のリソースのところを通過してしまっていたりします。問題のリソースがプロセスの最初の方に位置しているような場合は、いくら注意していてもほとんど見つけることができません。

すでに督促作業を要しているタスクだけでなく、遅れが生じているタスクがどこで止まっているのかを監視すれば、集めた統計データの質を著しく向上させることができます。しかし、すべてのタスクを投入後すぐに監視を始めるような過度な行いはいけません。たくさんやればいいとは限らないのです。投入してすぐに監視しはじめると、作業量が二倍になるだけではなく、リストの有効性も薄らいでしまいます。

さて、ここまでの話をまとめると、バッファーを適切に管理することにはいくつかのメリットがありました。既存のマーフィーのレベルに応じてどれだけのバッファーが必要か、その長さを決めることができます。つまり、〝ノイズの定量化〟ができるのです。また系統的に、遅れているタスクを督促して全体的なリードタイムを短縮することもできます。そして遅れているタスクがどこで止まっているか、そのリソースを記録し、記録された回数の多い順に（場合によっては適切な加重係数を用いて）優先順位をつけると、〝パレート・リスト〟ができあがります。このリストをもとに、私たちは〝生産性向上〟努力を推進していくことができるのです。しかし、バッファー管理には、実はもう一つ忘れてはならない、さらに重要なメリットがあります。

要注意リソース、つまりリストに頻繁に出てくるリソースに対応する時に注意しなければいけないのは、これらのリソースがなぜ頻繁に出てくるかということです。実は、意外にもこれらのリソース自体には何の問題もなく、場合によっては状態が非常にいい場合もあるのです。では、なぜ頻繁に出てくるのでしょう。それはプロセスに問題があるからではなく、十分な保護キャパシティを持っていないからです。つまり、バッファーを管理することによってどれだけの保護キャパシティがリソースに必要かを判断することができるのです。

〝マーフィーを定量化する〟とは、〝バッファーの長さと保護キャパシティの量を決めることである〟

ここで、一つ注意しなければいけないことがあります。これまで議論してきたことは、すべて容易に手作業で行うことができます。ただし、タスクの管理は別です。タスクの監視は、その範囲を広げるにはやはりリソースごとに実際のトランザクション（タスクが一つのワークセンターから別のワークセンターに移動すること）を厳密にレポートしなければいけないでしょう。ただ、もう一つどうしても手作業で行うのが無理なことがあります。

それは、保護キャパシティです。保護キャパシティの変動部分をなくすには、タイム・バッファーの長さを調節しなければいけないのですが、これもおそらく手作業だけでは対応することは無理でしょう。もう少しわかりやすく説明してみましょう。

保護キャパシティについて考える時、リソースの〝非即時利用性〟がタスクのリードタイムの大きな理由の一つになっていることを頭に入れておかなければいけません。別の見方をすれば、プロダクトミックスの変動が、保護キャパシティのニーズに大きく影響し、その変動の影響を受けて、リソースが要注意リソース・リストに頻繁に出てくるようになったりするのです。しかし、これは制約条件を保護しようとして新たに発生した問題ではありません。系統だった管理体制によって、もともとあった問題が表面に現れてきただけなのです。ではどうしてそれを問題と呼ぶのか、これもはっきりさせておく必要があるでしょう。問題と呼ぶのは、追加できるキャパシティの長さに限界があるからです。通常は利用可能な時間外労働を超えてキャパシティを追加することはできないのです。より恒久的なキャパシティを追加することによって対応したりもしますが、こうして追加されたキャパシティは、定義上、常時フル稼働しているわけではありません。つまり、結果的に、余剰キャパシティを追加していることになるのです。

これだけ聞くと、環境の気まぐれにただ振り回されて、行き詰まってしまいそうな気がしてきます。実際、手作業で対応しようなどと考えているのなら、そのとおり行き詰まってしまいます。しかし、出口はあります。ただし、飽きることなく膨大な量の計算を行えるコンピュータのような忍耐力を備えていればの話ですが。

プロダクトミックスは頻繁に変更され、それに対応できるよう恒久的なキャパシティを追加したくなるところですが、この誘惑はどうやって克服することができるのでしょうか。その鍵は、保護キャパシティとバッファータイムの長さの相対関係（バッファーを短くすれば保護キャパシティは多くしないといけない、逆にバッファーを長くすれば保護キャパシティは少なくてすむ）にあるのです。しかし、これには〝動的バッファリング〟に従ったスケジューリングが必要とされます。

では、この章のこれまでの議論を振り返ってみましょう。最初、目的は一つでしたが、終わってみれば、一つどころか多くの成果がありました。さて、その最初の目的は、〝マーフィーの定量化〟でした。これは、タイム・バッファーの長さを監視する仕組みをつくることによって達成することができました。しかし、それだけではありません。他にも収穫はありました。遅延タスクへの督促作業を監視する系統的なメカニズムも見つけました。ダメージが発生してから後手に火を消して回るのではなく、すべてのタスクの全体的なリードタイムを短縮することを目指した建設的な方法です。まさに

コントロール（統制・制御）と呼ぶに相応しい方法が見つかったのです。

遅延タスクがどこで止まっているのかを調べることによって、パレート・リストが構築され、それに基づいて局所的な改善努力を導いたり、リソースごとに必要な保護キャパシティの量を定めることができるのです。前にも触れたと思いますが、これは対象となるタスクが相当の数になります。一つひとつのタスクごとに、その動きを絶えず監視するのは大変なことです。ですから、タスクごとではなく、トランザクション（タスクが一つのワークセンターから別のワークセンターに移動すること）ごとに監視報告すれば、より効率的に目的を達成することができるはずです。

トランザクションを監視し、報告することで、さらに〝コントロール〟の領域に近づくことができるのです。しかし、これと同時に今度はトランザクションの精度（いや、非精度と呼んだほうがいいのかもしれませんが）という問題も浮かび上がってきます。精度を欠いていると、トランザクションごとに報告されてくるデータの有効性も損なわれてしまいます。ですから、報告されるトランザクションの精度とタイミングを大きく向上させることが非常に重要なのです。それともう一つ考えなければいけない問題があります。ローカル・パフォーマンスの評価です。この二つを同時に解決する方法はないでしょうか。

報告されるトランザクションの精度とタイミングを大きく向上させるには、報告を行う人にこれを重視させる必要があります。しかし、自分の評価に関係のないことを重視させようというのは、そう簡単なことではありません。私たちが求めているのは、各タスクの進捗状況の段階ごとのデータです。

そのための報告作業をローカル・パフォーマンス、つまり各部署、各ワークセンターのパフォーマンス評価にうまく結びつける方法がないか考えてみてはどうでしょう。

いいでしょうか、ローカル・パフォーマンスの枠を超えて客観的かつ建設的にいかに評価すべきかという問題は、企業マネジメントにとってもっとも重要な問題の一つです。この問いに満足いく答えを見つけることさえできれば、インフォメーション・システムにも〝**コントロール**〟と呼ばれるに相応しい構成要素が用意できたと言えるでしょう。

24 ローカル・パフォーマンスの評価尺度

さて、前章までの議論を思い出してください。どこまで話が進んだでしょうか。**バッファー・マネジメント**を始めたり、物理的なプロセスの改善に努力を集中させるだけでなく、ローカル・パフォーマンスを適切に評価できる尺度をつくる必要があるというところまで話が進みました。適切な評価尺度――つまり評価の対象となる部門や部署が、会社全体の利益につながるような行動を取るよう動機づけできる評価尺度を策定しなければいけないという話でした。企業にとっていちばんの力は、人の直感です。この直感を最大限活かすには、彼らのパフォーマンスを適切に評価できる尺度がどうしても必要なのです。ローカル・パフォーマンスを能率や差異ばかりで評価していては、社員は期待どおりの働きをしてくれません。逆に、まったく正反対の行動を取ってしまうのです。

ローカル・パフォーマンスを評価するためにもっと適切な尺度が必要だということは、いまではどの企業でも考えていることです。しかし残念ながら、なかには欠陥率や納期遵守率などといったお金とはまったく関係のない尺度でこれを評価しようとしている企業もあります。前にも述べたことですが、会社のゴールはより多くのお金を儲けることです。この目的達成に向けた私たちのパフォーマンスを測るのが評価尺度なら、その尺度には当然お金が用いられていなければいけません。

では、その評価尺度ですが、その策定方法を見つけるには少なからず努力が必要です。しかし、これはなんとしてもやらなければいけません。いいでしょうか、覚えておいてください。企業にとって何がいちばん敏感な問題か、あえて一つだけ挙げなければいけないとすれば、それはこの評価の問題なのです。

どのような尺度で私を評価するのか教えてくれれば、どのように私が行動するのか教えてあげましょう。

このパフォーマンス評価を〝コントロール〟と呼ぶことに、私はまったくのためらいがありません。ですが、この言葉には否定的なイメージがつきまとっています。あまりに歪曲したシステムが一般化しているからです。たとえ歪曲したシステムであっても、評価は評価、コントロールに違いないのです。

〝コントロール〟という言葉はあまりに頻繁に使われすぎています。ですから、もう一度注意が必要です。例えば〝在庫管理〟(Inventory Control)という言葉がありますが、いったいどういう意味でしょう。在庫が、いまどこにあるのか知っておくことです。ですが、これはまったく管理、つまりコントロールとは関係ありません。単にデータを集める能力でしかないのです。私たちにとってコントロールとは、〝どこで物事が起こるべきか〟(計画)に対し〝どこで物事が起こっているのか〟(実際)を知り、逸脱があった場合、その原因を究明することなのです。また、ケース・バイ・ケースの散発的な方法ではなく、継続的で系統だった方法によって各部門、部署のパフォーマンスに対し、数的評価を与えることができるような方法でなければいけないのです。

そうでなければ、社員、従業員に対し、彼らが取った行動の結果について適切なフィードバックを与えることはできません。プロセス全体に多くの人が関与しているにもかかわらず、その最終結果が遠く離れた部門、部署にしか現れないような会社では特に重要です。自分たちのパフォーマンスの結果を自分たちの目で確かめることができないからです。そう考えると、ローカル・パフォーマンスの評価についても、これまでとは異なる考え方が出てくるはずです。つまり、ローカル・パフォーマンスの評価は最終結果を評価するのではなく、評価される部門、部署が最終結果にどのようなインパクト、影響を与えたかによって評価すべきなのです。ローカル・パフォーマンスの評価尺度は、プラン(計画)がいかに遂行されたか、その質を評価すべきで、プランそのものの評価からはまったく切り離して考えるべきなのです。

今日の企業活動においては、実際にプランの遂行にあたっている者が、プランの策定についてはほとんど何も発言権を持っていないことがよくあります。このような環境においてはこうした評価尺度が非常に重要になってくるのです。プラン自体の評価と、プラン実行の評価をはっきりと区別しておかないと、プランが優れているために、プラン遂行のパフォーマンスが低劣であっても、高い評価を与えてしまったりする危険性があるのです。それならまだいいのですが、逆にパフォーマンスが優良だったにもかかわらず、プランそのものに問題があったために、低い評価しか受けられないようなこともあったりするのです。

こうした警告を踏まえて考えると、ローカル・パフォーマンスの正当な評価とは、予め定められたプランの遂行にあたってそのプランからどれだけ逸脱したのか、その逸脱を評価することなのだという結論に達するのです。プランそのものの質は、これまでと同じようにスループット、在庫、業務費用という三つの評価尺度をもって評価すればいいのですが、では、逸脱はいったいどうやって評価すればいいのでしょうか。適切な評価尺度とは、いったい何なのでしょう。

最初に、プランからの逸脱には二種類あることを知っておかなければいけません。まずは最も一般的なケースですが、**〝やるべきことをやらない〟**場合です。このタイプの逸脱は、当然周りから叱咤されますが、評価の点からすると、一つの評価尺度にしか影響を及ぼしません。やるべきことをやっていないのですから、スループットが減少するのです。次に二つめの逸脱ですが、何だかわかりますか。そうです、**〝やるべきでないことをやる〟**場合です。このタイプの逸脱は、どの評価尺度にマイナスの影響を及ぼすと思いますか。そう、もちろん在庫です。

では、これらをどのようにして、健全な評価へと系統的に転換していくことができるのでしょうか。それにはまず、ここでいったい何を評価しようとしているのか、その単位をいま一度はっきり確認しておく必要があります。私たちが評価しようとしているのは、**逸脱**です。逸脱とは一種の負債(Liability)に他なりません。逸脱が資産(Asset)だなどと言う人は、一人もいません。では、負債の計測単位とはいったい何でしょうか。何か一般的な単位があるのでしょうか。では、探してみましょう。例えば、負債のいちばん典型的な例を考えてみるのです。銀行ローンはどうでしょう。銀行ローンは明らかに負債です。では、この銀行ローンの計測単位は何でしょうか。銀行からお金を借りた時の負担を測るのには、いったいどんな単位を用いるのでしょう。

私たちは銀行からお金を借りる時、利子を払います。この利子が負担になるわけですが、これは単にどれだけお金を借りたかによって決まるものではありません。どれだけの期間、お金を借りていたかにもよるのです。ですから、いくら利子を払わなければいけないかは、借りた金額と借りていた期間を掛け合わせて計算しなければいけません。つまり、銀行ローンの計測単位は**ドル**（金額）×**日数**となるのです。これを私たちは**ダラー・デイズ**（Dollar-Days）と呼んでいます。では、一般的に負債のダメージを考える場合、どうでしょう。特にプランからの逸脱を考える場合にも、このダラー・デイズを用いることができるのでしょうか。**ダラー・デイズ**がいちばん適切な評価尺度なのでしょうか。

それでは、検証してみましょう。そのために、まず工場全体を一つのローカル・ユニット（部門、部署）として考えます。そして、そのパフォーマンスを評価するのです。まず一つめの逸脱、つまり〝やるべきことをやらない〟とは工場レベルにおいていったい何を指すでしょうか。答えは、明白です。納期どおりに製品を納入しないことです。この場合の適切な評価尺度とは何でしょう。

まず、一般的な会社では、顧客からの注文の額や個々の製品の販売価格は注文、製品ごとに大きく異なるのが普通です。ですから評価尺度として、納期までに納入できなかった注文の数や製品の数をそのまま用いることは適切ではありません（しかし驚いたことに、多くの企業で、こうした数をもとにパーセントを計算し、これを評価尺度として用いています）。さらに、納入がどれだけ遅れているのか、その日数も考慮する必要があります。ある注文の納入が一日遅れた場合と、同じ注文がまる一か月遅れた場合とを同じ程度に扱うことはできないのです。

となると、納期までに納入できなかった場合の評価方法は、必然的に次のようになります。納期までに顧客に納入できなかった注文の販売額と、納入が遅れた日数とを掛け合わせて計算するのです。こうして納入の遅れている注文ごとに計算し、それを全部合計することによって、その工場がどれだけ納期どおりに顧客に注文を届けることができなかったのか、その逸脱の程度を知ることができるのです。つまり、その評価単位は**ダラー・デイズ**となるのです。この場合のダラー（金額）は販売価格を、そして、デイズ（日数）は納入が遅れている日数を表しているのです。

では、今度は工場全体ではなく、個々の部門や部署、リソースについても、一つめの逸脱（〝やるべきことをやらない〟）の評価にこのテクニックを適用することができるでしょうか。当然、適用できるはずです。

では、部門レベルでは、ダラー（金額）に何を用いたらいいでしょうか。この場合も顧客からの注文の販売価格を用いることができます。部門レベルの逸脱によって、最終的に影響を受ける、つまり納期どおりに出荷できなくなるのは顧客の注文だからです。部門レベルで作業が遅れているのは部品一つだけかもしれませんが、全体的な観点から見ると、いったいそれはどんな意味を持っているのでしょう。会社全体に対しては、いったいどれだけの潜在的損害があるのでしょう。それは、部品一つの価格ではありません。注文全体の金額の回収が遅れるのです。

では、二つの部門が同じ注文の異なるタスクで、それぞれ作業が遅れているとしたらどうでしょう。この場合もそれぞれの部門に対し、注文全体の合計金額を用いればいいのです。同じ注文だからといって、金額を二つの部門で折半してはいけません。それぞれの部門での逸脱の結果、会社全体にどれだけの損害が発生するのかを、それぞれの部門に警告する必要があるからです。いいでしょうか、予定どおりに作業できない部門がたった一つあるだけで、注文全体を納期どおりに出荷できなくなるのです。会社全体のパフォーマンスを評価するのに、個々の部門の逸脱を個別に計算し、これを合計して評価するようなやり方を考えてはいけません。ですから、同じ注文であっても個々の部門に対し注文全体の金額をもって評価しても何の問題もないのです。

今度はデイズ（日数）ですが、これは何を起点にしたらいいのでしょう。どの日を基準にタスクが何日遅れているのか計算したらいいのでしょうか。注文の納期まで待つのはあまり賢明でありません。リスクが多すぎます。いいでしょうか、各部門、部署におけるローカル・パフォーマンスはそれぞれの逸脱の程度によって評価されます。であれば、その逸脱が発生した時点で評価の対象となっている部門、部署に警告を発しなければいけません。もし逸脱が発生したずっと後になってから警告を出していては、間違いなく納期には間に合いません。その時点になってできることと言えば、損害をできるだけ小さくすることだけなのです。そんなことをしていては、納期遵守率一〇〇パーセントはまったく不可能になってしまいます。では、いったいどの時点をもって警告を発したらいいのでしょう。言い換えれば、いつの時点をもって逸脱を測りはじめたらいいのかということです。

おそらく、逸脱が発生してこれを修正するために、何らかの行動が取られた場合、その時点をもって警告を発しはじめるのがいちばん妥当ではないでしょうか。それなら、もうすでに定義済みです。〝督促ゾーン〟を覚えていますか。このゾーンの意味についてもう一度考えてみましょう。企業はさまざまな行動を取りますが、その中には一部門、一部署における逸脱がきっかけになって引き起こされるものもあります。タスクが投入されてから十分な時間が経過したのにもかかわらず、まだタスクがバッファー・オリジンに到着していない、高い確率（例えば九〇パーセント以上）で到着できるはずの時間が経過したのにもかかわらず、タスクがまたバッファー・オリジンに到着していない——こういった場合に起こるのです。ですから、注文の納期からではなく、タスクが督促ゾーンに入った段階から日数を数えはじめるというのはどうでしょう。そうすれば、会社全体にダメージが発生する前に、問題を修正する時間を確保することができます。

しかし、これだけでは十分でないかもしれません。もう少し早めに数えはじめるべきかもしれません。タスクに遅れが発生して督促作業が必要になるずっと前から、会社は行動（部門、部署レベルの行動と対比して）を開始しています。何らかの逸脱が発生しはじめた段階から、会社はタスクの進捗状況を監視しはじめるのです。ですからこの時点からの経過日数を数えるべきではないでしょうか。

そうなのです。ダラー・デイズを求めるには、顧客からの注文の額と、企業が修正行動を取りはじめた時点から経過した日数を掛ければいいのです。問題はその計算結果をどう扱うかです。誰にこの数字を割り当てればいいのでしょうか。タスクの遅れの原因をつくった者でしょうか。では、誰が原因をつくったのか、いったいどうすればわかるのでしょうか。その調査を専門に担当する部署でもつくらないといけないのでしょうか。ＦＢＩより大規模な組織が必要かもしれません。しかし、そんなことをしては組織が誹謗中傷に満ちた雰囲気になってしまいます。いいでしょうか、企業にとっていちばん敏感な問題は、個人のパフォーマンスの評価です。

では、先ほど計算したダラー・デイズ、つまりタスクが遅れている責任を、いま現在タスクが止まっている部署に押しつけるという考えはどうでしょう。大胆な考えだとは思いませんか。誰が逸脱の原因を使ったのかをまったく考慮せずに、いま現在の状況だけを見て、責任を押しつけるのです。あまりフェアなやり方ではないかもしれません。もしかしたらほんのいまさっき、ほんの一分前にタスクがその部門に届いたばかりかもしれません。それなのに責任をすべて、遅れをつくった原因とは一切関係のない部署に押しつけようというのでしょうか。

一見したところ、この方法はフェアでないように思えます。もう一度、私たちの目的を思い起こしてください。私たちは、いったい何をしようとしているのでしょうか。各部門、各部署のローカル・パフォーマンスを測ろう、評価しようとしているのです。いったい、何のためでしょうか。ローカルエリア、つまり各部門、各部署が会社全体の利益につながる行動を取るように動機づけるためです。これを頭に入れたうえで、もう一度考えみましょう。先ほどの部署、ほんの一分前に多くのダラー・

デイズを抱え遅れてやってきたタスクを受け入れた部署の反応はどのようなものになると思いますか。罵ったあと、どうするかです。言うまでもありません。その後です。思いつく限りの言葉で原因をつくった部署を罵るのは当たり前ですが、

遅れてやって来たタスクを抱えたこの部署は、あらゆる手段を尽くして〝ペナルティ〟を課されまいとするに違いありません。できる限り迅速に、このタスクを次の部署に引き渡そうとするのです。タスクを次の部署に引き渡すということは、それとともにダラー・デイズ、つまりペナルティを次の部署に引き渡すということです。理由が何であれ、もし何もしなければ、ペナルティは急速に大きくなっていきます。いいでしょうか、一日経つごとにダラー・デイズは着実に増えていくのです。こうして考えてみると、実はこのやり方のほうが本来の目的を達成するのに都合がいいのかもしれません。遅れているタスクが部署から部署へと、まるで焼け石を扱うようにすばやく引き渡されていくからです。そうなのです、この評価尺度を用いると自然と作業が迅速化されていくのです。

先ほど、この方法はフェアではないと述べましたが、それはどうでしょう。職場の人間関係はどうなるでしょうか。しかし、評価をある特定の時点だけでなく時間軸にそって検証してみると（本来そうすべきなのですが）、この横暴とも思える方法が実は非常にフェアな評価方法であることがわかってくるのです。例えば、図4、5、6の三つのグラフを見てください。これらのグラフは、それぞれ異なる三つの部署の**スループット・ダラー・デイズ**（Throughput Dollar-Days）と時間の関係を表したものです。

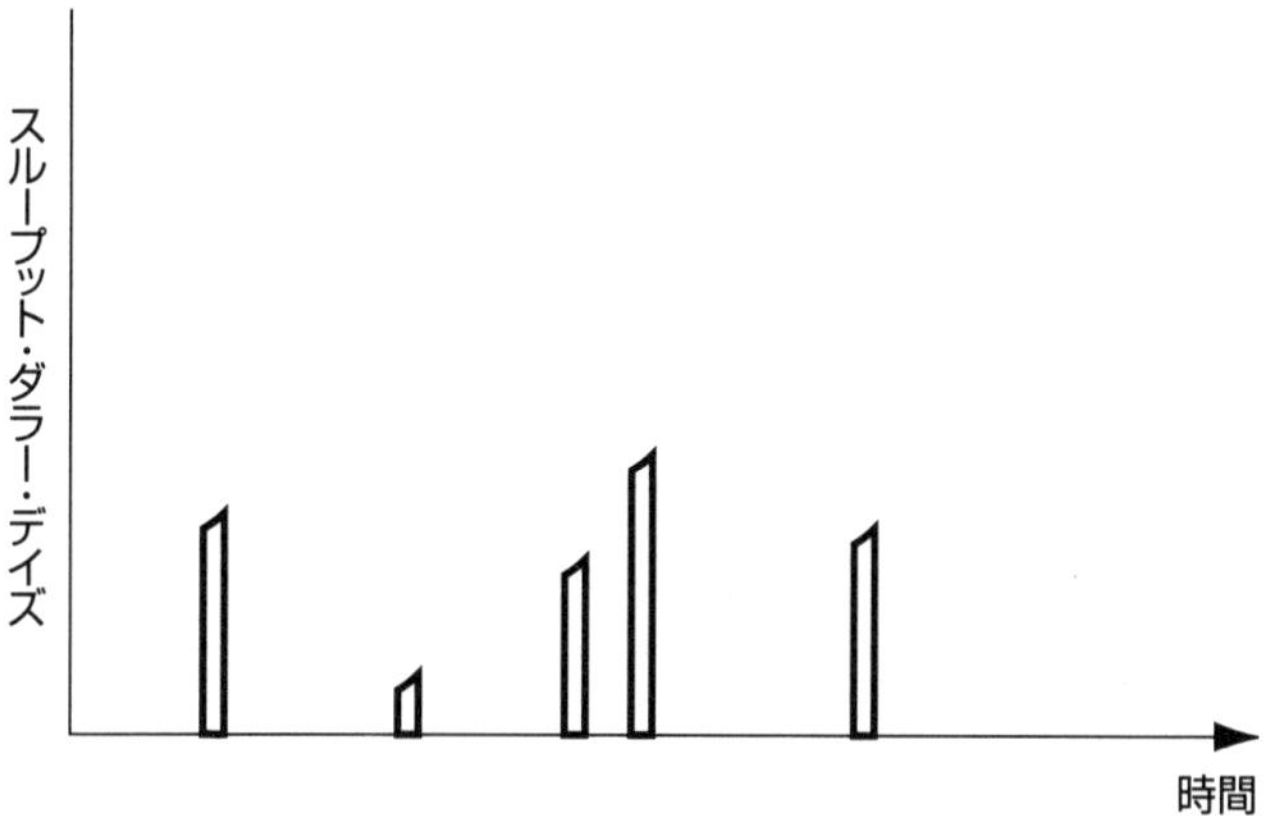

図4　一番めの部署のスループット・ダラー・デイズ

まず図4ですが、この図に表された部署について何がわかるでしょう。ところどころ細い棒が縦に伸びていますが、これを見れば、この部署が逸脱の原因でないことは明白です。この部署は遅れてやって来たタスクを受け取り、迅速に作業して次の部署へと引き渡しています。ダラー・デイズも平均すると非常に少なく、なかなか優れたパフォーマンスです。

では、二番めの部署（図5）はどうでしょう。こちらはずいぶん状況が異なるようです。まずこの部署が逸脱の原因でないことは明らかです。タスクを受け取った時、すでにタスクは遅れているのです。しかしその対応は非常にお粗末です。グラフを見てわかるように、この部署に遅れてやって来たタスクはここにしばらくとどまり、事態はさらに悪化しています。当然のことながらダラー・デイズは増加します。

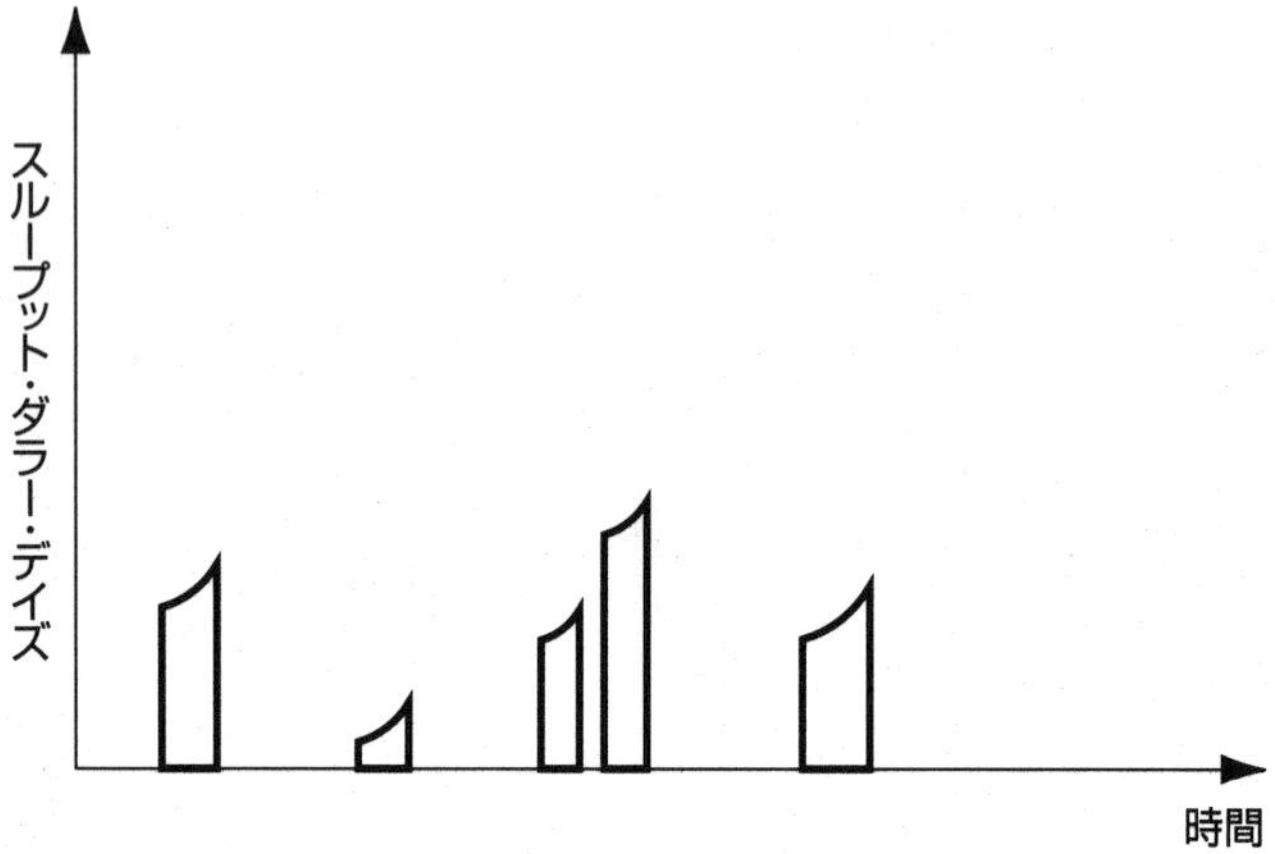

図5　二番めの部署のスループット・ダラー・デイズ

さて、三番めの部署ですが、どうやらこの部署が逸脱の原因のようです。間違いありません。図6を見ると、ダラー・デイズの値がゼロからスタートし、タスクが次の部署へ引き渡されるまで増えています。ダラー・デイズの平均は、然るべきことながら三つの部署の中でいちばん多いのです。さて典型的な三つのパターンについて検証してみましたが、それでもやはりダラー・デイズを、いま現在タスクが溜まっている部署に割り当てるのはフェアでないと思いますか。

わかっていると思いますが、この評価方法はエンジニアリング、出荷、あるいは請求書発行などどんな部門、部署、業務であろうと、まったく問題なくすべてに適用することができます。鍵となる質問はいつも同じです。いま現在、誰のところで注文が溜まっているのかです。例え

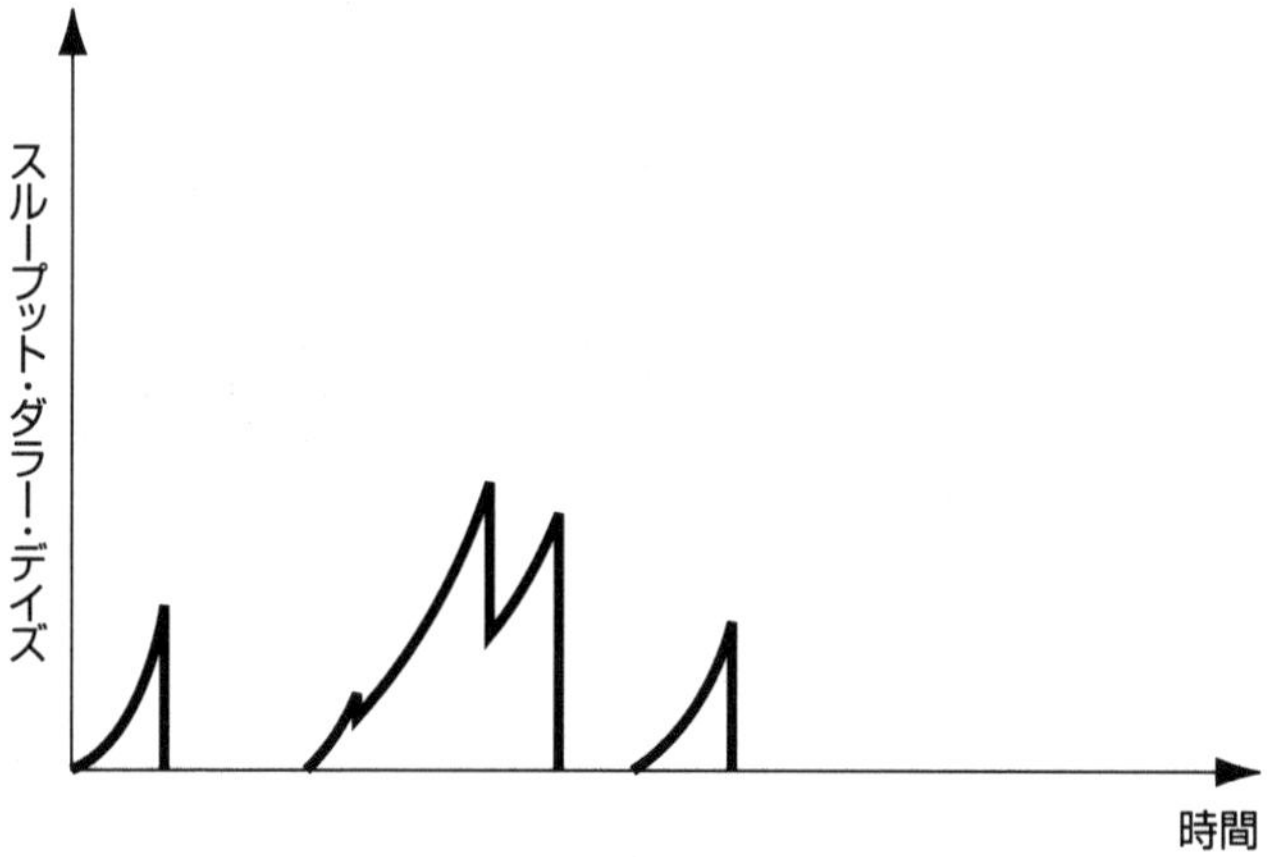

図6　三番めの部署のスループット・ダラー・デイズ

ば、エンジニアリング部門を例にとってみましょう。大型システムの製造に必要な何百もの図面のうち、たった一つでもまだ製造部門に渡せていないとしたら、どうでしょう。きっと気が気でないはずです。

しかし、ここで一つ気になることがあります。このような評価方法では仕事が雑にならないかということです。ダラー・デイズのことが気になるあまり、適当に仕事をやってタスクを次の部署に渡すようなことにならないでしょうか。とにかく早く次へ回そう、責任は他人に押しつけようと、中途半端な仕事を次へ渡すことにならないでしょうか。そうであるなら、これまでの議論は、すべてそんな容認し難い状況をつくり出すためのものだったというのでしょうか。

冷静に考えてみましょう。例えば、前の部署から非常に中途半端なまま仕事が回ってきたとします。そんな低レベルな仕事はいずれ下流の部署で見つかるか、あるいは顧客からクレームが届いて発覚するはずです。もうしそうなら、品質の検査を怠った者にそのダラー・デイズを割り当てては
どうでしょうか。そうです、品質管理部門に割り当てればいいのです。

今日、多くの企業では、統計的工程管理が広く用いられています。この手法は、特定の部品の品質が低下した場合これを判断するのに非常に有効ですが、その本当のパワーは実は品質低下の根本的な理由を見つけたり、その原因となったプロセス、そして当然のことながら欠陥部品をつくった部署を突き詰めるところにあるのです。ですから、この統計的工程管理を用い、原因をつくった部署が見つかったら、すぐにダラー・デイズをその問題の部署に割り当て直せばいいのです。

そのような過去の過ちのことで責めたてられる部署は、当然、非常に不愉快な思いをするに違いありません。いいでしょうか、いま私たちが話をしているのは、納入が相当遅れている注文、特に顧客からの返品があったような場合のことです。納期からの日数はもとより、ダラー・デイズも相当な数字になっているはずです。当然、各部門、部署では、タスクを次の部署に引き渡す前に何度も品質をチェックしようと考えるでしょう。下流で問題が見つかったら、より大きな問題を抱えることになるからです。どうです、意外ですか。こんな評価尺度では、品質の悪化を引き起こすのではないかと一時は心配しましたが、実はまったくその逆で、この評価尺度を用いることでＴＱＭが提唱している管理体制、すなわち〝品質は担当部門でつくり込め〟の実践にまさにつながってくるのです。

では、品質管理部門はどうなるのでしょう。犯人がわかるまで、どうして彼らが責任を負わなけれ

ばいけないのでしょうか。先ほどから〝責める〟とか、〝責任を負わす〟などといった否定的な表現を使っていますが、そういった言い方はやめましょう。私たちがやろうとしているのは、適切な時に適切な合図を発することです。みんなが会社全体の利益に貢献するためには、いま何に努力を集中しなければいけないのかわかってもらわなければいけません。それを知らせるための合図です。では、もう一度品質管理部門について考えてみましょう。彼らの主な仕事は何でしょうか。欠陥部品を見つけることでしょうか。それだけでしょうか。それとも見つけた欠陥部品を前に、ただじっと廃棄すべきかどうか考え込むことでしょうか。

いいえ、彼らの本当の仕事は品質に問題があった時に、その原因を見つけることです。問題の原因がはっきりわかれば、これを取り除くために必要なリソースで必要な対応ができるのです。ですから、品質問題に起因するダラー・デイズを品質管理部門に割り当てることは、彼らにとって本来の仕事をするいい動機づけになり、また彼らにとって必要なパレート・リストを用意することになるのです。

スループット・ダラー・デイズを用いると、どのような効果が期待できるのかについてさまざまな角度から議論してきましたが、説明はまだまだ途中です。二つめの逸脱についても議論をしなければいけません。在庫の増加を引き起こす逸脱です。それから三つめの要素、つまり業務費用に関連したローカル・パフォーマンスの評価尺度についても議論しなければいけません。これらの逸脱もきちんとコントロールしなければいけないのです。さて、このまま説明を続けたいところですが、この章はもうずいぶんと長くなってしまいました。

ここで、少し再確認しましょう。これまでも警告してきたことですが、目的が何かを見失ってはいけません。いいでしょうか、私たちが目指しているのは**インフォメーション・システム**をつくることです。インフォメーション・システムには何が必要か、どのような構造であるべきかを模索しているのです。しかし、これまでのペースでは、いつまで経ってもその目的は果たせそうにありません。では、もう一度原点に戻ってみましょう。ガイドラインに戻るのです。インフォメーション・システムのストラクチャーとはいかにあるべきか、あくまで議論はその概念にとどめ、新たなパンドラの箱を開く必要がある時も、その中身に必要以上に気を取られないように気をつけなければいけません。私たちの努めは、あくまでガイドラインを提供することで、それ以上の詳細な考察、分析は必要ないのです。

それでは、議論を先に進めていきましょう。

25 インフォメーション・システムの構成要素

さて、これまで多くのことについて議論してきましたが、最後にその内容を整理してみましょう。まず、これまで曖昧だった〝データ〟と〝インフォメーション〟の違いを、それぞれの定義を明確にすることによって、はっきりとさせました。データとは〝物事や事象などを説明、描写するすべての文字列〟と定義しました。一方、インフォメーションとは、〝訊ねられた問いに対する答え〟と定義しました。また、データの中でインフォメーションを導き出すために必要とされるデータは単純に〝必要データ〟と呼ぶことにしました。

このように定義を定めると、インフォメーションとは、実はいつでもどこにでもあってすぐに使えるようなものではなく、必要データから導き出してやらなければいけないものであることがわかりました。そうであるなら、インフォメーションを導き出すプロセスもインフォメーション・システムにとっては無関係なものではなく、多くのインフォメーションにとっては、意思決定プロセスそのものが、インフォメーション・システムの根幹をなすのだということがわかりました。

これを踏まえたうえで、単純にデータを提供するシステムを〝データ・システム〟、意思決定プロセスを介さなければ得ることができないインフォメーションを提供するシステムのことを〝インフォメーション・システム〟と呼ぶことにしました。

また、インフォメーションが多くの場合、階層的な構造によって成り立っていることもわかりました。同じデータが、ある階層では必要データなのに、別の階層ではインフォメーションになっていたりします。さらに必要データ自体も常に用意されているわけではなく、意思決定プロセスを介して導き出してあげなければいけないということがわかりました。ですから、包括的なインフォメーション・システムを構築するためには、当然そのシステム自体も階層的な構造を成していなければいけないのだと理解できたのです。

企業のインフォメーション・システムの場合、そのインフォメーション・ピラミッドの頂点では、明白なことながら、どうしたら制約条件の能力を高めることができるのか、どうすれば新たな制約条件を不必要につくり出すことを防げるのかといった問いに答えることができなければいけません。この階層に属する問いとしては、他に投資の妥当性の判断、外部調達/自社生産の選択、購買方法に関する問題、もちろん製品設計や販売/マーケティング間のジレンマなどの問題も含まれます。そして、このインフォメーション・システムのいちばん上の階層、要素のことを、私たちは〝WHAT IF〟(もし仮に〜だったら)と呼ぶことにしたのです。

しかし、これらの問いに答えるには、まずしっかりと必要データを構築するところから始めなければいけません。必要データは都合よく最初から用意されているわけではないので、自分たちで導き出していかなければいけないのです。この〝WHAT IF〟の問いに答えるための必要データが、実は**〝スケジュール〟**および**〝コントロール〟**の答えともなるのです。

さて、その最も基礎となるデータは制約条件です。システムのいま現在の制約条件が何であるかを認識することが不可欠なのです。ただし、これまでの分析ではっきりわかったことですが、現行の制約条件を見つけるだけでも（また、〝WHAT IF〟の代替行動を取った時に新たな制約条件が発生する場合は、これを認識しなければいけないことは言うまでもありませんが）、会社はさまざまな業務、作業をいかにスケジューリングすべきかという問いに答えることができなければいけません。つまり、インフォメーション・システムの最も基本的な要素は**スケジュール**ということになるのです。

もう一つの必要データは、マーフィーです。組織では、予期せぬトラブル、つまりマーフィーが必ず発生するものです。このマーフィーを定量化しなければならないのです。このテーマはまだ領域としては比較的新しいこともあって、本書では基本的な考え方について相当の時間を費やしました。その議論の過程の中で、私たちは、ここで取り扱われる問いが、企業の**コントロール**に関わるものであると確信を深めました。

そうなのです、この**コントロール**には、マーフィーを定量化する能力が含まれていなければいけないのです。この能力は、在庫と保護キャパシティ間のジレンマ（保護キャパシティを多く取れば在庫は少なくてすむ、逆に保護キャパシティが少なければ在庫はたくさん必要になる）がどれだけ重大な問題なのかを理解し、これを適切に操るにはなくてはならない能力なのです。すなわち、どのような〝WHAT IF〟の問いに対しても的確な答えを出すためには、これは不可欠なメカニズムなのです。このメカニズムを必要としているインフォメーションはそれだけではありません。他にも、この能力を必要としている重要なインフォメーションがあります。一つは、マーフィーを減らすためにどこに努力を集中したらいいのか、プロセスを改善するためにどこに努力を集めるべきかという問いです。そして二つめは、ローカル・パフォーマンスの評価尺度です。

さて、ここまでの話をもう一度整理しましょう。まず、インフォメーション・システムは〝WHAT－IF〟、**スケジュール**、そして**コントロール**という三つの要素で構成されていなければいけません。また〝WHAT－IF〟は、**スケジュール**と**コントロール**が準備できるまでは用いることができません。〝WHAT－IF〟には、**スケジュール**、**コントロール**から提供されるインフォメーションがデータとして必要だからです。では、**スケジュール**と**コントロール**の関係はどうでしょう。どのような相互関係があるのでしょう。お互い完全に独立した関係にあるのか、あるいは、どちらかがどちらかに依存しているのでしょうか。

考えればすぐにわかることですが、**コントロール**は、**スケジュール**が準備できるまでは用いることができません。思い起こしてください。**コントロール**の意味は何だと説明しましたか。〝どこで物事が起こっているべきか〟(計画) に対し、〝どこで物事が起こっているのか〟(実際) を知ることだと説明しました。つまり、予め定められた計画からの逸脱をコントロールしなければいけないのです。ですから**コントロール**を始めるには、その前にまずスケジューリング、つまりプランニングができていないといけないのです。では、もう少し詳しく、私たちがコントロールしようとしているものは、いったい何なのかを概念的に考えてみましょう。**スケジュール**に何が必要か、その条件を明らかにするためです。

スループットに影響を及ぼす逸脱、在庫に影響を及ぼす逸脱――これらはもとを正せばともに現実的な計画からの逸脱です。となると、私たちの計画、つまりスケジュールは最初からマーフィーが存在することを前提として構築されなければいけないことを意味します。でなければ、現実的な計画とはなり得ないからです。ですから**スケジュール**では、予め予想されるマーフィーの程度に応じた計画を構築することが絶対的に求められるのです。このような方法によってのみ、**スケジュール**は現実的なスケジュールを構築でき、**コントロール**は生きた意味を持つことができるのです。

そうなってくると、今度は〝**スケジュール**〟に、どれだけのタイム・バッファーと保護キャパシティが必要なのか、その長さと量について大まかな見積もり（これは後から**コントロール**においてより精度が高められるのですが）を用意してあげなければいけなくなります。**スケジュール**と**コントロール**の二つで保護キャパシティがある程度信頼できるレベルに定められる前に、〝**WHAT IF**〟を用いようとしても、それはまったく時間の無駄でしかありません。

これで、私たちの大まかな行動計画はできあがりました。インフォメーション・システムの中で最初に構築しなければいけない要素は、**スケジュール**です。**スケジュール**を構築するには、一般的に用いられているデータ以外にマーフィーの影響を大まかに見積もらなければなりません。**スケジュール**ができあがったら、二番めの**コントロール**も稼働させることができます。そして**スケジュール**および**コントロール**の二つの要素を実際にしばらく用いてから、初めてインフォメーション・システムの究極のゴール、つまり〝WHAT IF〟の問いに答えることができるようになるのです。

さて、そろそろ本書も終わりに近づきました。最後を締めくくるにあたって、もう一度強調しておきたいのは、ゴールを達成する原点は、スループットワールドを認識するところにあるということです。今日の企業カルチャーは、いまだにコストワールドにどっぷりと浸かったままです。コンピュータを導入するだけで、そんなカルチャーを変革できるなどと自らを欺くことのないように、私たちは気をつけなければいけません。

訳者あとがき

"The Haystack Syndrome"（ザ・ヘイスタック・シンドローム）——これが本書の原書（英語）の題名です。ヘイスタック（haystack）という言葉を英和辞典で引くと、〃大きな干草の山〃などという意味が載っていますが、まさに現代の企業や組織には、情報が干草の山のようにあふれんばかり与えられています。その大きな干草の山の中に細いピンを一本落としたら、いったいどういうことになるでしょうか。見つけようと思っても、そう容易に見つけられるはずがありません。いいえ、果たして運よく見つけることができるかどうか、それさえ何の保証もないでしょう。これと同じように現代の企業、組織には情報が干草の山のごとくあふれています。その山を目の前にして、私たちはいったいどうしたらいいのでしょうか。そのすべてが重要なのでしょうか。いいえ、そうではありません。本当に重要な情報、必要な情報はその中のほんの一握りだけだ、とゴールドラット博士は強く唱えているのです。その情報がいったい何なのか、その情報をいったいどのように識別して取り出したらいいのか——その答えを出すのが、インフォメーション・システムの本来の役割であり、企業の継続的繁栄にとって真の鍵となるのだというのです。

私がゴールドラット博士の仕事に関わり合うようになって、早いものですでに五年近くが経ちました。『ザ・ゴール』の翻訳から始まって、シリーズ四作（『ザ・ゴール』、『ザ・ゴール2』、『チェンジ・ザ・ルール！』、『クリティカル・チェーン』）の一作一作を翻訳させていただくたびに、私にもそれなりの勉強が求められたわけですが、学べば学ぶほど博士の革新的な考え方、アプローチに感心させられました。しかし、その一方で、まったく正反対の意見も多々耳にしてきました。〝そんなこと常識だ〟、〝前からわかっていたことじゃないか〟といった類の意見や批判が少なからずあるのです。しかし、私はこうした意見や批判を逆に〝褒め言葉〟だと考えています。博士自身、自分の理論はシンプルで常識的なこと、考えればすぐにわかることだと言っています。もともとビジネスの専門家ではなく物理学者であるゴールドラット博士だからこそ、ビジネスに対する先入観を持たず自然の摂理という目で観察し、現代企業の矛盾を的確に観察できたのかもしれません。

では、どうして常識であるにもかかわらず、その常識の多くが今日の企業では通らないのでしょうか。それは惰性のためです。惰性にしばられているから常識が非常識となり、その非常識をいまだに常識と信じ込んでいるのです。そんな簡単な摂理を表してくれたゴールドラット博士の大胆なアプローチに私は感銘さえ覚えます。シンプルだからこそ見落としやすい——実に明快な観察ではないでしょうか。私自身、ＴＯＣ（制約条件の理論）と出会ってから、企業活動だけでなくさまざまな日常生活のなかで、彼の理論がいかに包括的であり、実用的であるかを感じてきました。

さて原書 *The Haystack Syndrome* を読まれたことのある人なら、すでにお気づきのことと思いますが、本書では原書の第26章以降が省かれています。インフォメーション・システムと呼ばれるに相応しいシステムには三つのモジュール（要素）——〝ＷＨＡＴ　ＩＦ〟、〝コントロール〟、〝スケジュール〟

――が必要であり、そのいちばん基本となるのが〝スケジュール〟であることは本書の中でも説明していますが、原書では、この〝スケジュール〟について、その具体的な構築方法を約一〇〇ページにわたって説明しています。しかし、その内容は極めて専門的でありすぎるため、日本で出版するにあたっては、あえてこの部分を省くことにしました。スケジュール構築手法について関心のある方は、ぜひ、原書を取り寄せて読まれることをお奨めします。

『ザ・ゴール』の出版を契機に、TOCに対する関心、認知度もずいぶんと上がってきました。そしてTOCを実際に活用する企業、これをサポートするコンサルタントの数も徐々に増え、TOCについてのさらなる知識やノウハウへのニーズもますます高まっています。さらに最近では、日本TOC推進協議会といった組織も立ち上げられ、日本においても独自の知識の蓄積、構築努力が行われています。今回、本書を翻訳するにあたっても、こうした方々から多くの協力をしていただきました。特に㈲TOC研究舎の佐々木俊雄氏、ゴール・システム・コンサルティング㈱の村上悟氏には、この場を借りて心より感謝したいと思います。

TOCは、実に痛快です。これまでの知識、ノウハウでは当たり前とされてきたことが次々と打ち破られていくのです。是非、〝ザ・ゴール〟シリーズ四作とあわせて本書も読み合わせ、できるだけ多くの人にその真髄を堪能していただきたいと思います。

二〇〇五年　春

三本木　亮

解説

本書の原書は、"Haystack Syndrome"（干し草の山症候群）という一風変わったタイトルで一九九〇年に出版された。今日コンピュータから吐き出される管理データは膨大だが、見方を変えてみれば、意思決定に本当に必要なデータはたった〇・一パーセントでしかない。しかし、その本当に必要なデータを探すための努力は、大きな干し草の山の中からたった一本の針を探し出す作業と同じくらいのムダな作業ではないのか――著者であり、TOC（Theory of Constraints）の提唱者であるイスラエル出身のエリヤフ・ゴールドラット博士はこう主張する。

Constraints（制約条件）とは、「あるシステムが、ゴール達成のためより高い機能へレベルアップするのを妨げる因子」と定義される（APICS：アメリカ生産管理在庫管理学会・一九九八年）。企業経営で考えれば、制約条件とは創造された利益（キャッシュ）を握っている鍵といえる。受注から原材料入手、生産、納入、請求、入金という、最終的に金が企業に入ってくるまでの個々の活動が鎖の輪の一つひとつに相当すると考えれば、企業やサプライチェーン全体の収益力は最も強度の弱い鎖、すなわち能力の低い活動に制約されるのだ。

そもそも企業にとって情報（インフォメーション）とはいかなる意味を持つものであり、その情報を人間はどのように取り扱い、企業をどうコントロールしていけばよいのだろうか？――博士は「情報とは、意思決定のために必要とされるデータ（記号の羅列）である」と定義した。ならば「情報をどう取り扱うか」という経営の意思決定は、どの方向を向いて行われるべきなのだろうか。博士は同時に「企業の目的は、現在から将来にわたってお金（スループット）を儲け続ける」として、スループットを最大にする意思決定を導ける情報のみが意味を持つと主張している。

スループットとは、製品の売上高から真の変動費（資材費など）を引いたもので、製品を一つ多く販売すればその製品のスループット分だけ全体のキャッシュが増加する。企業の最終利益は全製品のスループット総額から全体の固定費を引いて残った額であり、スループット総額の最大化を目指せば企業が生むキャッシュも最大にできる。

ＴＯＣは、「企業の目標はキャッシュを生み出すこと」という大原則に立ち返った理論である。そして、キャッシュを生み出すための取り組みとして、①スループットの増大、②在庫（原材料、仕掛り品、製品など）の低減、③業務費用（資材費以外の総経費。直接人件費も含む）の低減――の三つを挙げている。①〜③の番号は、実行する順序も意味している。スループットの総額を増やすことを目標に掲げることによって、従来、コスト低減に注力しがちだった企業に、在庫削減によるスピード経営の重要性を再認識させる。この結果、サプライチェーン内に在庫として滞留するキャッシュは減り、経営効率は飛躍的に高まる。

さらに実務的にはスループット計算を採用することで、経理の専門家でなくとも直感的に正しい意思決定を行うことが可能となり、経営と現場第一線とを有効につなぎ込むツールとして機能する。要するにスループットは、科学的な「どんぶり勘定」なのだ。

ＴＯＣは、現在その適用領域を大幅に広げ、人間が介在する組織全般に大きな革新をもたらす総合的な経営改革手法に昇華しているが、本書はその原点でもありプリンシパル（規範）ともいうべき著作である。また、その内容も一つの改善手法の域を超えて現代の企業経営のあり方そのものに警鐘を鳴らしたという意味で大きな価値があるといえる。

それでは、本書が書かれるに至った経緯を少し振り返ってみたい。ゴールドラット博士は、七〇年代後半にイスラエルの大学で物理学を研究していた。たまたま知人から持ち込まれた生産スケジューリングの問題を物理学の研究で得た発想や知識を使って解いてみると、非常によい結果が得られた。その考え方をもとにして開発した生産スケジューリングソフトウェアを博士はＯＰＴ（Optimized Production Technology）と名づけ、米国にこれを販売するベンチャー企業を設立した。ＯＰＴは一システム四〇万ドルもする高価なソフトウェアであるにもかかわらず、それを導入した工場では生産性が大幅に改善し、生産リードタイムが劇的に縮むという効果が出て一躍注目されるようになった。

一九八四年、ＯＰＴの販売促進のために出版した小説『ザ・ゴール』（邦訳ダイヤモンド社刊）が工場を舞台とした小説としては空前のベストセラーとなり、小説の中で紹介された考え方はＴＯＣとして徐々に欧米の産業界に浸透していった。

『ザ・ゴール』の大ヒットによって、ソフトウェアなしでも小説とまったく同じような劇的な成果が出たという事例が数多く報告されるようになった。なぜなら、ＯＰＴの背後にあるＴＯＣの原理はそれまでの経営管理の考え方とは真っ向から対立するがゆえに、経営層が理解し評価指標や原価管理制度を変えるというパラダイムシフトを実現できれば、逆にソフトウェアを導入せずとも十分な成果をあげることができたのだ。しかし、筆者の知る限りこのパラダイムシフトはさまざまな障害が存在し、そう容易なものではない。本書は、なぜこのパラダイムシフトが実現できないのか、反対に、既存の経営管理の方法論がいかに「儲け」から遠ざかる行為を繰り返してきたかをさまざまな論点から検証している。

我々が学ぶべきは、見方を変えて、行動を変えることができれば、ただそれだけで著しい利益の向上を成し遂げることも不可能ではないということだろう。激烈な企業競争を勝ち残るためには人と同じことをやっても生き残ることはできない、必要なのはまだ多くの企業が取り組んでいない、勝つための方法論を実践することが必要なのだ。

では、コストワールドとスループットワールドにはどのような違いがあるのだろうか、本文中にもマネジャーが在庫を減らすことによって直面することになるジレンマが登場する。

「在庫を縮小しろ。在庫は負債だ。よくがんばって、在庫を減らしてくれた」。そう言われたのも束の間、急にルールが変わるのです。突然、在庫は資産だと聞かされて、あなたの首に斧が振り下ろされるのです。（本文三四ページ）

これは、伝統的な原価計算制度では、直接・間接の人件費や設備の減価償却費などの固定費を個々の製品に割り振って、製品ごとの原価（単位原価または個別原価という）を計算し、製品の販売価格からそれを差し引いて利益を弾き出すことに起因する。個別原価を算定する原価計算制度は、実需がなくても増産すれば原価が下がって会計上の利益が増えるという本質的な問題を抱えている。しかし、その利益は企業内のキャッシュが在庫に形を変えたものであり、実際に販売され産み出されたキャッシュとは大きく乖離することになる。

しかし、会計部門の判断は、多くの企業で経営的意思決定の資料として使われている。企業に存在する、多くの方針や仕組みは、会計が提供する情報をもとにして構築されている。原価を基準にして策定される方針やガイドラインは、購買のあり方や内外作基準、原材料管理、在庫管理、現場の作業員や設備の稼働計画、価格戦略やマーケティング戦略の展開、従業員の評価、報酬というように、企業内の多くの人々の行動に、日常的に影響を与えている。

また、伝統的な原価計算は製品一単位当たりコストを算出し、プロダクトミックスを導く意思決定を行うが、スループット計算では単位原価は存在しないし、計算できないという立場を取る。TOCでは制約条件が変化すればその景色は一変し、取るべき意思決定も一八〇度違ったものになると主張する。これは、手余り状態（市場制約）や手不足状態（物理制約）、ボトルネック工程の位置というような、条件に応じて意思決定を変えるべきであるとの立場による。要するに伝統的な原価計算がその名のとおり「製品原価」を計算しようとするのに対して、スループットでは「利益」を計算するのだ。

そして、ゴールドラット博士自身もこのように伝統的な原価計算が生産性向上を妨げていることに対して、論文“Cost Accounting: Public Enemy Number One of Productivity”（原価計算は、生産性の最大の敵である）を発表し、「今日のコストアカウンティングは無効な前提のうえに成り立っており、そのはじき出す数字は意思決定には何ら役に立たないばかりではなく誤った意思決定を導き出す可能性がある」とスループットワールドへのパラダイムシフトの重要性を主張している。しかし、この伝統的な会計支持派とスループット支持派との論争は結論に至ることなく学会をも巻き込んで今日まで続いている。

こうした衝突は、現場でのマネジメントに日常的に「ゆがみ」や「ねじれ」を惹起する。ゴールドラット博士はこう警鐘を鳴らす。「マネジャーなら誰でもスループット、在庫、業務費用それぞれの評価尺度がどちらの方向に動くべきなのか、ちゃんとわかっている。スループットは増えたほうがよい、在庫の形で眠っているお金の量は減ったほうがよい、業務費用も少ないほうがよい」。しかし実際の行動になると在庫を積み増したりして、見かけの原価を引き下げる行動に出る、この相反する二つの間にあるものが博士の指摘する評価の「ゆがみ」や「ねじれ」なのだ。TOCの世界ではこのように「理に合わない」人間の行動を「間違った評価」が引き起こすと指摘している。

どのような尺度で私を評価するのか教えてくれれば、どのように私が行動するか教えてあげましょう。もし不合理な尺度で私を評価するなら、私が不合理な行動をとったとしても、文句を言わないでください。（本文

三五ページ）

これは、真理をついた言葉であると思う。

このような不適切な評価とともに、もう一つスループットを失う要因として博士が指摘しているのが「マーフィー」と呼ばれる「不確実性」と「資源のバッティング」である。マーフィーは、工場というネットワーク業務に対して仕事の遅れという症状を引き起こす。そして私たちはこの遅れを回避しようとする行動で、さらなる遅れを引き起こしてしまう。現実の仕事にはさまざまなトラブルや変動要素があり、それによる遅れを避けるために「投入できるものはどんどん先行して投入しておきなさい」という指示を出す。この指示が出されると、まだ、いますぐに着手する必要のない仕事までが現場に投入され各工程の負荷は跳ね上がり、遅れを防ぐために取った行動が、結果的に新たなボトルネックを作り、さらに遅れをもたらすことになる。さらに厄介なのは、実際の工場がそうであるように多くの種類の仕事を同時進行させると、このボトルネックは砂漠の蜃気楼のようにあちこちに現れては消えるように見える。なぜなら、さまざまな種類の仕事を同時並行で進めることによって、それぞれの工程の負荷は大きく変動することになるからだ。しかし反対に、すべての工程が「ゆとり」を持っていれば遅れに対する防御は完璧だとしても、大きな能力を維持するために大幅な業務費用が必要になるのだ。

このように企業には原価計算から導き出された「みんなが忙しく働かなくてはならない」パラダイムと、遅れから身を守る回避策の結果生じる「過負荷」という二重の「ボトルネック工程を生み出す仕組み」がある。日程管理を行う場合にどれだけ日程に余裕を持たせても、能力の余裕がなければ突発トラブルや、さまざまなバラツキには有効に機能しない。

これに対して、TOCでは各工程の能力はバランスさせるべきではなく、モノの流れをバランスさせるべきだと主張する。そのうえでシステムが持つべき安全余裕をバッファーと保護能力の二つに定義している。バッファーとは能力の余裕ではなく時間の余裕であり、保護能力とはネック工程以外の資源が持つべき能力的な余裕に他ならない。みんなが忙しく働けば働くほど、工場の効率は低下し仕事は遅れる。TOCでは余裕の考え方を変えることによって短リードタイムと高い生産性を実現するのだ。

このことを実現するために、TOCでは継続的改善の5ステップ（本文中では、集中の5ステップ）を実行する。まず、ステップ1は制約条件となる工程を見つけること。ステップ2では、制約条件となる工程の資源を最後の一滴まで余すことなく使い切り、隠れた生産能力を引き出すこと。ステップ3は、工程内の仕掛り在庫を最小限にして生産スピードを向上させること。そのため先頭の資材投入のペースをボトルネック工程の生産スピードに一致するようにする。そのうえで生産のゆらぎによってボトルネック工程が休止するのを避けるために、ボトルネック工程への資材の到着をバッファー時間分だけ早く計画する。このようにしてボトルネック工程と先頭の投入工程だけを重点的に管理すれば、全工程の能力のバランスを考えなくても、生産性向上と仕掛最小を実現できる。制約理論では、この考え方を「DBR（ドラム・バッファー・ロープ）」と呼ぶ。こうした考え方はさらにボトルネックを速やかに通過できる製品を優先するという意思決定につながっていく、あえて非ネック工程の速度を落としてもトータルで得られるお金は大きくなる場合もある。

博士は、TOCは新しい総合的な経営哲学であると主張している、ということは企業経営の根幹に関わる部分において大きな変革がなくてはいけない。つまり、企業がその目的を達成する主要なプロセスが革新され、結果として達成度合いが大幅に改善されるものでなくてはならないと言うことになる。はたして、TOCでそれが可能なのだろうか?

私自身、実務家としての視点で論じさせていただきたい。

結論から先に言えば、多少誇張された部分があるとしても、本書に記述されていることは実行可能(Viable)なことばかりであるし、私自身が実践してきたことでもある。スループット計算は実務でも十分機能するし、どの企業、どの工場にも必ずボトルネックが存在したというのも事実である。まさにDBRは強力なソリューションとして国内でも実績をあげてきた。

しかし、本書から読みとっていただきたいのは「正しい仕事は何かが正しく定義され、評価されなければ、誰も正しい仕事などするはずがない。会社に損失を与えてきたのは、人間が正しい仕事を行わない『仕組み』をつくりあげた会社組織そのものである」というTOCの根底にある考え方である。すなわち人間を悪でも善でもない「あるがまま」としてとらえる、人間の可能性を信じるという精神ではないだろうか。こう考え、何が正しいかを理解し、その方向に向かうことで評価されるような仕組みを構築すれば、人間は正しい方向に進むことができる。そして障害となる人間が生来持っている変化への根深い抵抗や恐れを克服する。すなわち改善のアイデアについて主体性を持つこと、自分のアイディアだと思うようにすること。それによって企業内に永続的な改善を実現する組織をつくりあげるという、最も重要なことを実現するのだ。

また、本書からはゴールドラット博士の日本企業観を窺い知ることもできる。おそらくTOCを開発する過程で研究し尽くしたであろうトヨタの大野耐一氏のエピソードなどは同じ志を持つ者としての意識を感じるし、ソニーの盛田昭夫氏のたくさんつくれば高くなる売価、ニューヨークで買ったほうが安い日本製のカメラの話など、限界コスト、限界利益など、故千住鎮雄氏の提唱してきた経済性工学の概念を取り込んで、スループット計算を構築していることを窺うことができる。このようなことから博士は日本企業や日本人は容易にTOCを理解して使いこなすだろうと予測し、『ザ・ゴール』を一七年にわたって翻訳を許可しなかったのではないかと考える。本書の原書が出版された一九九〇年という時代の背景を重ね合わせて読むことも本書の面白味の一つかもしれない。

いずれにせよ多少難解ではあるが、TOCのバイブルといわれる本書をじっくり吟味しTOCの有効性を自分なりに検証してみることをお勧めする。少なくとも私にとっては、迷った時に力になってくれる先生のような価値のある本である。

村上　悟

[著者略歴]

エリヤフ・ゴールドラット（Eliyahu M. Goldratt）

イスラエルの物理学者。1948年生まれ。『ザ・ゴール』で説明した生産管理の手法をＴＯＣ（Theory of Constraints:制約条件の理論）と名づけ、その研究や教育を推進する研究所を設立した。その後、博士はＴＯＣを単なる生産管理の理論から、新しい会計方法（スループット会計）や一般的な問題解決の手法（思考プロセス）へと発展させ、アメリカの生産管理やサプライチェーン・マネジメントに大きな影響を与えた。著書に世界各国でベストセラーとなった『ザ・ゴール』『ザ・ゴール２』『チェンジ・ザ・ルール！』『クリティカルチェーン』（いずれも小社刊）などがある。

[訳者略歴]

三本木 亮（さんぼんぎ・りょう）

1960年生まれ。早稲田大学商学部卒。米ブリガムヤング大学ビジネススクール卒、ＭＢＡ取得。在日南アフリカ総領事館（現大使館）、大和證券を経て、1992年に渡米。現在、ブリガムヤング大学ビジネススクール準助教授として教鞭を執るかたわら、日米間の投資事業、提携事業に数多く携わる。翻訳書に、『ザ・ゴール』『ザ・ゴール２』『チェンジ・ザ・ルール！』『クリティカルチェーン』『実践ＴＯＣワークブック』（いずれも小社刊）がある。

[解説者略歴]

村上 悟（むらかみ・さとる）

ゴール・システム・コンサルティング（株）代表取締役社長。また、ゴールドラット博士が主宰するＴＯＣ-ICO認定ＴＯＣプラクティショナーおよびJonahの資格を持つ。法政大学工学部非常勤講師　日本ＴＯＣ推進協議会理事長。主な著書に『ＴＯＣ入門』（日本能率協会マネジメントセンター）、『在庫が減る！利益が上がる！会社が変わる！』（共著・中経出版）などがある。

ゴールドラット博士の
コストに縛られるな！——利益を最大化するＴＯＣ意思決定プロセス

2005年３月３日　第１刷発行

著　者——エリヤフ・ゴールドラット
訳　者——三本木　亮
解　説——村上　悟
発行所——ダイヤモンド社
〒150-8409　東京都渋谷区神宮前6-12-17
http://www.diamond.co.jp/
電話／03･5778･7232（編集）　03･5778･7240（販売）
装丁————藤崎　登
製作進行——ダイヤモンド・グラフィック社
印刷————堀内印刷所（本文）・新藤（カバー）　製本 ——石毛製本所
編集担当——久我　茂

ISBN 4-478-42052-1